¿PODEMOS HABLAR
CON DIOS?

¿PODEMOS HABLAR CON DIOS?

por Ernest Holmes, PH.D.

Science of Mind Publishing
Golden, Colorado

Science of Mind Publishing
573 Park Point Drive
Golden, Colorado 80401-7402
www.scienceofmind.com

Diseño de portada y presentación de libro por
Maria Robinson, Designs On You, LLC
Littleton CO, USA

Impreso en los Estados Unidos de América
Publicado junio de 2016
ISBN: 978-0-917849-43-5

CONTENIDO

Cambia tu forma

de pensar y cambiarás tu vida.

¿PODEMOS HABLAR CON DIOS?

¿Podemos hablar con Dios? Todos sabemos que podemos hablarle a Dios, pero es diferente preguntar si podemos hablar con Dios. Consideraré el tema desde el punto de vista de la comunicación. No podemos comunicarnos con Dios a menos que estemos conscientes de que le estamos hablando a Dios, y Dios se dé cuenta de que alguien le habla. No puede haber verdadera comunicación sin una reciprocidad de ideas. Así es que, o podemos hablar con Dios, o no. Punto. Si no podemos, más vale saberlo y dejar de tratar; por otra parte, si en verdad podemos, una pequeña conversación con la Deidad podría reportarnos más beneficios que muchas conversaciones entre nosotros.

En la antigua forma de pensar le hablábamos a Dios. Sentíamos que nuestras oraciones ascendían y llegaban al oído Divino, y si esto hubiese sido verdad, deben haber sonado una nota discordante en el oído Divino.

En nuestra nueva forma de ver la vida, pensamos en Dios como en un Principio Universal, Inteligencia Infinita, Poder; como la esencia y energía del ser. Pensamos en Dios (o al menos tratamos de hacerlo) en términos universales, aunque es imposible para lo finito llegar a comprender el significado de lo Infinito. Lo Infinito significa aquello que está más allá del conocimiento humano. Pensamos en Dios como en un Ser universal e infinito, como ley perfecta, la inmutable ley de causa y efecto. Al descartar la antigua idea de un enorme personaje con la naturaleza de Deidad sin duda perdemos algo: perdemos la sensación del contacto personal con este poder invisible, y es posible que así pensemos en Dios solamente como ley, o como un Ello Infinito.

Ahora bien, un Ello Infinito es algo muy adecuado en ciertos aspectos, pero en otros resulta muy inadecuado. No podemos derivar mucho consuelo, placer o alegría en hablarle al principio de afinidad química (sin embargo, sí obtenemos grandes beneficios al aprender que tal ley existe). Tampoco podemos esperar derivar mucha satisfacción al pensar en Dios únicamente como un Infinito Ello.

Somos inteligentes; pensamos, sabemos y entendemos aunque sea un poco. ¿Es posible suponer que la humanidad es un accidente? ¿Podemos creer que los trabajos de William Shakespeare o Miguel de Cervantes son el resultado de una explosión en una imprenta?

Debe haber, y hay, una Consciencia Universal que responde a nuestro pensamiento y está en contacto con él. El corazón humano no sólo desea esa posibilidad, sino que la mente humana la comprende, entiende, siente, presiente y conoce. Hay momentos en que la consciencia individual siente que se funde con la Universal, es entonces que sabe, y no pide más explicaciones. El corazón desea, la mente comprende y el intelecto necesita tal contacto—el influjo de ideas divinas que estimula la voluntad hacia el divino propósito. Esto es fundamental para nuestra creencia de que hay una Presencia en el universo con la cual podemos comunicarnos conscientemente, y la cual responderá conscientemente a tal comunicación. Lo consideramos como fundamental para toda filosofía o religión consistente, no solamente porque lo deseamos y lo requerimos, sino porque tal Presencia es una necesidad inevitable.

¿Cómo podemos asumir que con nuestras mentes finitas, o aun con la unión de todas las inteligencias finitas, podamos comprender todo lo que Dios es? ¿Cómo asumir que una mente finita (la humana) constituye la única inteligencia en el universo, o que no hay nada más allá de nuestro entendimiento presente? ¿Cómo asumir que podamos ser, a menos que el Ser en sí mismo sea un hecho? ¿Podríamos reconocer algo, a menos que aquello que lo reconoce existiera antes de la cosa que se reconoce? ¿Con qué es pues que reconocemos algo? Debe ser con alguna clase de inteligencia que existe dentro de nosotros y que está unida a la gran y suprema Inteligencia: la del Ser Eterno. No podemos ni ahora ni nunca comprender Su totalidad. Pero tenemos que asumir que este Ser supremo está consciente de nosotros como parte de Sí Mismo, y si esto es verdad, debe ser verdad que podemos comunicarnos con Él/Ello. Así comprenderemos que no podemos comunicarnos con un Dios externo, ajeno a la naturaleza de nuestro ser, por el simple hecho de que no podemos conocer nada que esté más allá de nuestro conocimiento. En otras palabras, existe una Presencia que responde en el universo, una Inteligencia. Hay un Dios que sabe, entiende, cuida, ama y responde, pero sólo a través de nuestra naturaleza.

En la transición entre lo viejo y lo nuevo, debemos tener cuidado de no tirar los sostenes de debajo de nosotros que quizá todavía necesitemos; de no robar a la gente de su idea de Dios a menos que podamos darles una mejor, porque eso es lo más destructivo del mundo. Yo prefiero ver a alguien con una idea pobre de la Deidad, que verlo sin ningún concepto de Deidad, porque todos debemos interpretar a Dios a través de nuestra percepción del Ser Divino. En la transición, entonces, seamos cuidadosos de que en lugar de cada suposición falsa que alguna vez tuvimos, encontremos una realidad divina que sea una verdad eterna. Nunca se ha hecho alguna falsificación hasta que ha habido una realidad comprobada. La idea de nuestra relación personal con la Deidad, no está ahí sin razón. Es una proclamación de que la Deidad habita en nuestra alma y que somos intuitivamente conscientes de este Hecho Divino.

Ese sentimiento instintivo de la Divina Presencia es algo inherente a todos; está ahí porque es verdadero, y se encuentra según la capacidad intelectual de cada persona de percibir la verdad, surge de ella, y se vuelve Dios para cada uno. Hay un Poder y una Presencia en el universo que nos responde tan total y perfectamente que seguramente nos asombrará cuando lleguemos a comprender qué tan completa y qué tan perfectamente lo hace, pero puede trabajar para nosotros sólo a través de nosotros. Nuestra comunicación con Dios debe ser y permanecer siempre como una luz interior; porque nos comunicamos con el Dios interior.

No hay duda de que hay un Dios más allá de nuestra comprensión finita, porque la naturaleza de Dios es universal, pero la naturaleza de la humanidad está constituida de tal manera, que no podemos conocer nada fuera de los confines de nuestro propio conocimiento; esto es evidente en sí mismo. Así pues, el único Dios que conocemos es el Dios que percibimos, y dado que es una luz interior, es Dios dentro y a través de nosotros. Éste es el único Dios que podemos conocer; éste es el Dios que nos responde. Yo creo que en cada acto altruista, en cada acto de verdadera caridad amorosa, en cada expresión de emoción sincera, está la acción de Dios a través del individuo; una respuesta directa; y es lógico suponer que ya que la naturaleza de Dios es constructiva, es bondad, paz, pureza, amor, luz y sabiduría, nos comunicamos verdaderamente con lo divino sólo al acercarnos de verdad a la naturaleza de la realidad, a través de la armonía, de la receptividad, en paz y alegría. Y puedo ver que al bloquear nuestras actitudes mentales, el flujo divino a través de nosotros, no nos acercamos conscientemente a Dios, por lo tanto no hacemos contacto con la armonía de una manera subjetiva; y así sufrimos objetivamente. Ésta es la inmutable Ley de Causa y Efecto.

Existe algo en nuestro interior que anhela ser entendido, que anhela la respuesta bondadosa, la sensación de una presencia que sea vehemente y colorida. Necesitamos tenerla, y siento que Dios se encuentra en el amor y la amistad; en el caluroso apretón de manos al encontrarnos el uno al otro, ¿Qué más podría ser eso? La mano dadivosa es la mano de Dios, el ojo que ve, es el ojo de Dios. Hacemos contacto con Dios entre nosotros y a través de nosotros; pero Dios es más que todo esto. Si esto fuera lo único que Dios es, entonces el artista hubiera pintado su pintura y se hubiera metido en ella, y se hubiera perdido en su trabajo por completo. Pero, ¿decimos que el arte es mayor que el artista, o que el pensamiento es más grande que la mente que lo concibió? El poema no es el poeta. Lo ha respirado, animado y creado, y permanecerá hasta que su consciencia exista, pero no se ha metido en él; algún día escribirá otra obra, y mejor. Tampoco Dios es absorbido por ley o creación.

Pienso que, al hacer contacto entre nosotros hacemos contacto con una manifestación directa de la Deidad. Cuando conversamos entre nosotros, pienso que es Dios hablando con Dios, pero no creo que éste sea el único Dios que hay. Si así fuere, nuestro conocimiento finito hubiese agotado lo Infinito y no habría Dios más allá de nuestra conversación.

Añoramos un acercamiento consciente a lo Infinito. Esto es tan necesario para la naturaleza y el intelecto del hombre, como la comida para el bienestar de su cuerpo físico; lo que es verdadero en un plano lo es en todos. Aquellos de nosotros que buscamos entender la verdad, extensión, amplitud y profundidad de la Ciencia de la Mente, debemos comprender que estas cosas son posibles. ¿Qué valor puede tener para el mundo una religión o una filosofía que simplemente enseña unas cuantas leyes de causa y efecto, o cómo sanar un dolor? Esto es bueno y maravilloso, pero no sirve para nada si no nos enseña cómo vivir y cómo ser; es inútil a menos que nos dé algo que sea una certidumbre divina de la vida y del ser.

La prosperidad es inevitable y nada puede detenerla si la mentalidad de la persona es la correcta. El sanar es inevitable si la persona esta en armonía con la vida: nada lo impedirá. ¡Es la ley! Debemos usar esta ley conscientemente, pero podemos usarla únicamente en la medida en que nuestra consciencia se unifique con la Verdad. Pero no debemos ir en busca de Dios. Dios esta en ti y en mí. Por lo tanto, cada uno de nosotros debe profundizar más aún nuestra propia naturaleza. Si hacemos esto llegaremos a tener una experiencia maravillosa. Encontraremos en nosotros una profundidad como nunca antes habíamos experimentado. Será una experiencia espiritual sanadora. Percibiremos algo en nuestro interior nunca antes soñado. Aquí es donde encontramos a Dios. Es importante aprender esto: que podemos hablar con Dios tan conscientemente como hablamos con la gente, y que si lo creemos, lo esperamos y sentimos, recibiremos una respuesta directa. No recibiremos palabras audibles, porque la palabra audible de Dios está, en esta creación, en la boca de cada individuo. Esta es la única palabra audible que Dios tiene en este plano.

Dios habla cada vez que un científico descubre algo nuevo, cada vez que alguien hace un nuevo invento—Dios habla. Dios habla dondequiera que se proclama la verdad. Pero la persona que penetra lo más profundo de su propia naturaleza encontrará que Dios habla en un lenguaje más sutil que el humano. Habla en el lenguaje universal de la emoción espiritual que es instintivo en la humanidad y los animales, y común a toda civilización. Toda creación y toda la gente que ha vivido usa el lenguaje universal de la emoción, los sentidos, el sentimiento, la intuición, y el instinto.

Algunas veces lo llamamos consciencia, algunas veces lo llamamos intuición, presentimiento, visión, sueño. No importa como le llamemos, es una revelación directa de la Omnisciencia a través de nosotros.

Así aprendemos a ir más profundamente a nuestro interior y hablar como si hubiera ahí una Presencia que conoce; deberíamos tomarnos el tiempo de desenterrar esta causa oculta, de penetrar este recinto de consciencia, del cual muy poca gente se da cuenta que existe. Vale mucho la pena hablar con el Espíritu Universal si lo hacemos correctamente. Recuerda, no le hablamos a Ello, hablamos con Ello. Siente y percibe que está dentro de ti; que tu acercamiento a Ello es directo, que se hace a través de tu consciencia. Que está tan consciente de ti, como tú de Ello—ya que tu consciencia de Ello debe ser—en el último análisis—e indudablemente es, SU consciencia de Sí Mismo. Así como LO reconocemos, Él nos reconoce. Al acercarnos a Ello, viene a encontrarnos. Éste es el significado de la historia del Hijo Pródigo. Siempre se nos recibe a la mitad del camino. El Espíritu siempre corresponde a nuestra creencia y receptividad de Ello. Por lo tanto, existe un poder dentro de nosotros al cual podemos ir; una Presencia que es Luz, un Espíritu que es Guía. Esto es fundamental para el entendimiento de la Ciencia de la Mente. Existe un Espíritu que conoce. Es Dios. Este Espíritu que conoce, nos conoce, nos responde, nos corresponde y fluye a través de nosotros. Cualquier inteligencia que tengamos, es Ello dentro de nosotros.

Hacemos diferencias entre el Espíritu y la Ley. El Espíritu guía y dirige, la Ley ejecuta, y el resultado es la Creación. Ésta es la Trinidad. La Cosa Misma, la forma en que trabaja y lo que hace. El uso constructivo de la ley, siempre buscando usarlo de la forma correcta, y sólo por el bien, es lo que significa el Espíritu de Cristo. El uso destructivo de la ley, que se usa sólo para fines personales, egoístas y conflictivos, es lo que queremos decir como el "espíritu del anticristo". Sin embargo, no hay algo ni en El Espíritu o La Ley del universo, que nos niegue un uso más completo de ello, siempre y cuando lo usemos constructivamente. En otras palabras, Dios quiere que tengamos más de lo que ya tenemos. El Espíritu desea una expresión completa de Sí Mismo. Por lo tanto, entre más disfrutamos, mejor se expresa Dios en nosotros.

Considera al Espíritu como algo cálido, pulsante, recíproco. Algo que nos envuelve, que fluye a través de nosotros. Es nuestra inteligencia. Es una urgencia, un gran impulso universal de emerger y manifestarse, cálido y colorido. Es algo tan bello que no puede expresarse en palabras. Solamente puede sentirse. Considera a la Ley como un hecho solamente, nada más. No contiene en sí misma la facultad de albedrío o volición. Pero es solamente un poder, una fuerza ciega, inmutable, e inteligente que ejecuta. La ley es el siervo del Espíritu. Considera la Creación, ya sea el vasto cuerpo del cosmos, o la ropa que traemos puesta, como un efecto de la inteligencia que opera a través de la ley. Así tendrás la proposición completa, tan clara como te sea posible tenerla, de que hay un Poder en el universo que conoce, una ley que hace, y una creación que corresponde.

La creación no responde (manifiesta). Solamente corresponde (manifiesta el equivalente de lo que el Espíritu concibe). Esto es lo que queremos decir cuando hablamos del Principio Divino. El Principio Divino no es Dios así como la electricidad no es Dios. Es una ley de Dios así como la electricidad es una ley de Dios. Es una ley mental de causa y efecto. Al imprimirle tu pensamiento a la ley, esta en su naturaleza tomar ese pensamiento y ejecutarlo exactamente como lo piensas. Si hay destrucción en el pensamiento, entonces debe destruir. Si hay bondad en el pensamiento, ejecutará algo bueno o sanador. Éste es el principio que gobierna la ciencia espiritual, y si no existiese tal principio, la ciencia espiritual no podría existir. También nota que hay algo más que la Ley; detrás de ella hay una Inteligencia a la que podemos acudir para obtener inspiración y dirección; un poder que nos responde, una Presencia que nos envuelve, una vitalidad que nos anima fluyendo a través de nosotros, una luz dentro de nosotros.

Esto es lo que constituye el Ser Supremo, el Dios Eterno, el Espíritu Infinito, el Padre.

LA UNICIDAD DE LA VERDAD

La Ciencia de la Mente se relaciona a la religión en general de la misma manera en que la ciencia natural se relaciona a las leyes de la naturaleza. Es una ciencia del fenómeno espiritual y mental, y como tal, atrae tanto adherentes de varias creencias religiosas como a aquellos que no tienen religión alguna en particular. Es atractiva para todos aquellos que estudian la vida. Todos esperamos el día en que la ciencia y la religión caminen de la mano, desde lo visible a lo invisible. Un movimiento que se dedica a unificar las grandes conclusiones de la experiencia humana debe permanecer libre de ideas vanas, de ambiciones personales y de cualquier intento de promover la opinión de una sola persona. A la ciencia no le importa opinión alguna, sino que reconoce el gobierno de las leyes cuyos principios son universales. Al cumplir con estas leyes, éstas responden de la misma manera. La religión se vuelve dogmática y a menudo supersticiosa si se basa en la sombra de una personalidad. La filosofía nos importa únicamente sólo en la medida en que trata lo universal.

El estudiante de las religiones que cree en una fe que le fue dada de una vez por todas a los santos, se pierde de una visión más amplia. El filósofo cuyas vanas conclusiones obstruyen un punto de vista más amplio, viaja en u círculo vicioso, y todo científico que rehúsa aceptar valores intangibles no tiene las bases adecuadas para probar como tangibles aquellos valores que ha descubierto.

La ética del Buda, los principios morales de Confucio, las bienaventuranzas de Jesús, junto con las deducciones de otras grandes mentes, constituyen puntos de vista que deben tenerse en cuenta. Los conceptos místicos de los sabios de la antigua China coinciden con los dichos de Eckhart o de Teillhard de Chardin; en los Ensayos de Emerson se encuentran también los profundos pensamientos de épocas pasadas; y cada vez que lo profundo llama a lo profundo, lo profundo responde profundamente.

La ciencia está en el proceso de hacer a un lado sus antiguas bases materialistas y está aceptando puntos de vista filosóficos. Todas las ramas del conocimiento continúan convergiendo y una unicidad fundamental se hace cada vez más evidente. La revelación debe de mantener la fe al lado de la razón, la religión al lado de la ley, mientras que la intuición debe continuar expandiendo sus alas para efectuar mayores vuelos. La ciencia debe justificar la fe en lo invisible.

Toda la humanidad busca alguna relación con la Mente Universal, La Supra Alma o Espíritu Eterno al cual llamamos Dios. La conclusión de los más profundos pensadores de todas las edades es que vivimos en un universo espiritual el cual incluye el universo físico o material. Parece ser la inevitable conclusión que este universo espiritual debe ser uno de inteligencia pura y vida perfecta, dominado por el amor, la razón y el poder de crear.

Todos queremos sentir que el poder que existe detrás de todo es bueno, y al mismo tiempo creativo. Que es una Inteligencia eterna, inmutable en la cual vivimos, nos movemos y tenemos nuestro ser. Sentimos intuitivamente que cada uno de nosotros, en nuestro estado natural, es alguna parte o manifestación de este Principio eterno y que los problemas de la limitación, del mal, del sufrimiento y de la incertidumbre no han sido ordenados por Dios, sino que son el resultado de la ignorancia. Está escrito que la Verdad nos liberará, siempre y cuando conozcamos la Verdad, así notamos que la evolución de la consciencia humana trae con ella la adquisición de nuevas y más altas posibilidades y poderes.

La Naturaleza parece esperar a que la comprendamos, y como está gobernada por leyes inmutables, de cuyos efectos no nos salva la ignorancia, las cadenas de la humanidad deben ser pues, resultado de nuestra ignorancia de la verdadera naturaleza de la Realidad. Pero alguna gente dirá: "Si el poder detrás de todo es bondad, ¿por qué entonces admite la posibilidad de limitación y maldad?" La única respuesta a esta pregunta es que somos individuos con albedrío, criaturas de inteligencia y voluntad, hechos personas con el propósito de descubrirnos a nosotros mismos, seres con el propósito de producir una entidad real—un ser consciente y verdadero.

El almacén de la naturaleza puede estar lleno de bonanza, pero esta bonanza está cerrada para el ignorante. La llave de esta puerta está guardada en la mente inteligente que trabaja en acuerdo con la ley universal. Por medio de nuestras experiencias aprendemos a discernir lo que es verdaderamente bueno, satisfactorio y valioso para nosotros. Al aumentar nuestra inteligencia y al crecer nuestra capacidad de entender las sutiles leyes de la naturaleza, gradualmente nos liberamos. Al aprender la Verdad, la Verdad automáticamente nos emancipa.

El avance de la ciencia, filosofía y religión, no es el resultado de un cambio en la naturaleza de la Realidad, sino un cambio en la percepción de la mente humana acerca de la Realidad. La Realidad, por supuesto, es inmutable y eterna. ¿Es posible que esta Realidad última pueda contener algo menos que la libertad bajo Ley? Esta posición puede al principio parecer más bien idealista; quizá hasta irracional bajo la luz de experiencias previas; parece demasiado buena para ser verdad, y la experiencia colectiva de la raza humana parece contradecir la idea de una libertad innata. ¿Pero será posible que podamos limitar tanto al Universo? ¿Podremos limitar esa ley inteligente y creativa que al actuar de acuerdo a su propia naturaleza sutilmente moldea su esencia invisible en las formas visibles de la creación? El Infinito es indudablemente Infinito, aunque lo finito parezca indudablemente finito. ¿Quién puede ponerle límite aun a aquello que llamamos finito? ¿Acaso no es verdad que todos los avances que hemos hecho en el uso de la naturaleza han sido sólo el resultado del descubrimiento de verdades y leyes latentes y de potenciales desconocidos hasta ese momento? Si hemos hecho tales descubrimientos de leyes físicas y materiales, ¿sería entonces extraño que también descubriéramos leyes mentales y espirituales? En verdad, el más grande descubrimiento del futuro será en estos campos. La evolución es un eterno desarrollo. La Vida se revela a aquel que está receptivo a ella. Una película podría haber parecido un milagro en tiempos medievales, y sin duda, las figuras en la pantalla hubieran consideradas como dioses o demonios. El nacimiento de las ideas espirituales en la consciencia humana encuentra tres reacciones distintas: el ortodoxo dice que Dios nunca intentó que así fueran las cosas o las hubiera revelado a través de Sus profetas; el materialista se burla de ellas; y el de mente abierta y sin prejuicio (como un niño) es receptivo.

La ciencia, filosofía, intuición y revelación deben todas unirse en un esfuerzo impersonal para que la verdad se obtenga y sostenga. Ninguna escuela de pensamiento puede prevalecer si niega la experiencia humana; ninguna religión puede ser vital si separa a la humanidad de la Divinidad; así como tampoco ninguna ciencia puede permanecer por mucho tiempo en una posición que niegue la aparición espontánea de la voluntad y el albedrío.

Un ser humano es más que materia. Hay una vida interior mayor que la psique. Un ser humano está constituido por mente, alma y cuerpo; es mental, espiritual y físico; inteligencia, albedrío y voluntad fundidos en una personalidad coordinada, y puede entenderse a sí mismo solamente desde el punto de vista más amplio. Tratamos con la persona real sólo cuando tratamos con la persona en su totalidad. Tratamos con la persona íntegra solamente cuando tratamos con las facultades mentales, espirituales y físicas que trabajan al unísono, en unidad.

CAPÍTULO

LA UNICIDAD DE DIOS
Y EL INDIVIDUO

Es fundamental a la filosofía de la Ciencia de Mente la idea de que no puede haber causa sin efecto ni efecto sin causa, así como no puede haber interior sin exterior, ni exterior sin interior, o un palo con sólo un extremo. Si asumimos que el Ser Absoluto o Causa Primordial es Inteligencia pura y Consciencia perfecta, debemos asumir que esta Consciencia está consciente de Sí misma, ya que no puede haber consciencia a menos que haya algo de qué estar consciente, algo qué conocer. "El Espíritu es el poder que se conoce a Sí mismo", es uno de los dichos más antiguos, y ya que la entidad individual, o persona, es consciente de sí misma, ¿cuánto más debe serlo la Mente Infinita?

No podemos asir el significado de la Consciencia Infinita ni podemos sondear Sus profundidades. Razonamos de lo conocido a lo desconocido, desde nuestras propias mentes con su consciencia inteligente, a una Inteligencia Absoluta que entrelaza todo y se manifiesta a través de todo. Esta

Inteligencia Absoluta es Primera Causa; es aquello por lo cual todo se hace manifiesto.

Toda la creación, incluyéndonos, es el resultado de la contemplación de Sí misma de esta Primera Causa. Al tomar forma, da forma a lo informe y expresa así la realidad de Su propia contemplación. La expresión de la realidad a través de cualquier forma en particular produce el elemento tiempo, del que dice Dean Inge es una secuencia de los eventos dentro de un todo unitario.

Aunque ni el tiempo ni el espacio son cosas en sí mismas, cada una existe como un complemento necesario para la Mente que se conoce a Sí Misma (Dios), la cual requiere de tiempo y espacio para expresarse físicamente.

Si pudiésemos entender la Causalidad Absoluta, la percibiríamos como Inteligencia pura que opera a través de ley perfecta, produciendo efectos perfectos. Efectos que viven y tienen su ser, no debido a una vida aislada, sino a causa de una vitalidad universal que penetra todas las cosas. Si tuviéramos ese entendimiento, veríamos entonces que nuestro mundo de multiplicidad está profundamente arraigado en un universo de unicidad; que nada puede pasar por casualidad; que vivimos bajo un gobierno de leyes que rigen desde los inmensos sistemas planetarios hasta "un jardín de rosas," del Arcángel y el Cristo, al Santo y el pecador, a través de lo bueno y de lo que llamamos malo. Se puede contemplar en las actividades cósmicas y también en los destinos humanos, el inmenso panorama objetivo de causas subjetivas invisibles pero adecuadas.

Al contemplar los misterios de naturaleza con esta vista panorámica de la vida objetiva, nos asombran las variaciones infinitas, las individualizaciones completas y la singularidad de todo. Aquí de nuevo llegamos a la realización de que el Infinito es de hecho Infinito, y que dentro de este Uno hay amplio espacio para expresiones individuales en las cosas creadas.

Cada parte esta enraizada en el todo y la Naturaleza Divina se manifiesta a través de todo. La espontaneidad de nuestras percepciones internas que nos permiten saber y conocer la verdad, ya sea a través de la experimentación o por pura intuición, es amplia garantía de que la humanidad es semejante a la divinidad; y de que Dios se esconde dentro de cada persona en espera de ser revelado a través del propósito, del pensamiento y de la acción.

Dentro de nuestra naturaleza existe una realidad que no conoce diferencia alguna entre su yo humano y el Gran Yo. Éste es el "Yo" que vive en el interior, al que Jesús llamó el Padre que está en mí (Juan 10:38). Este "yo" verdadero debe ser perfecto y puede producir sólo efectos perfectos, así se deduce que la causa perfecta es ya inherente, no solamente en lo Divino, sino también en lo humano, porque el ser humano es divino. ¿No está escrito: Yo he dicho que sois dioses? (Juan 10:34). En alguna parte de nuestro interior está la montaña desde cuya alta cresta "el ojo mira el mundo como una inmensa planicie y un impulso ilimitado de alcanzar el cielo". El poder de nuestras vidas fluye de esta percepción interna y nuestra reacción a ella.

El propósito primordial del estudio de la Ciencia de la Mente es comprender y penetrar conscientemente la atmósfera superior de nuestro pensamiento, y así dar origen a que desciendan a la mente inferior visiones mayores de la realidad. El efecto sigue a la causa como la noche al día, y si imagináramos de hoy en adelante un concepto adecuado de abastecimiento, se nos proporcionaría todo lo que humanamente pudiéramos necesitar. Si pudiéramos sentir al ser perfecto dentro de nosotros, experimentaríamos la vida perfecta; y si pudiéramos alcanzar esa contemplación serena del alma que percibe a todos y todo como una parte indivisible del Gran Yo, ya nada perturbaría nuestro pensamiento.

La salud, la felicidad y el éxito son efectos y no causas. Las prácticas ocultas y esotéricas no son necesarias ni beneficiosas en este trabajo. Cualquier estado que se asemeje a un trance hipnótico por medio de la autosugestión, está muy alejado del campo de realidad donde la consciencia debe estar siempre alerta y más consciente aún de sí misma y de su unicidad con el Todo.

Cada persona es un centro de vida auto-consciente porque Dios es el Principio de Vida que nos anima. Aunque este Principio de Vida esté para siempre oculto de nuestra vista objetiva, estamos continuamente conscientes de Su existencia en nosotros y de su impulso en toda la naturaleza. La relación entre el Principio de Vida y aquello que Él sostiene, es evidentemente una relación de unicidad. La percepción más alta jamás alcanzada por la humanidad ha sido la de captar y sentir esta unicidad interna con el Espíritu. Entre más completamente nos concientizamos de esta unión Divina, más poder tenemos sobre nuestra propia existencia. Aun así, no debemos limitar la unicidad de Dios y la persona solamente al campo religioso, ya que esto ha sido uno de los grandes errores de la historia.

No debemos separar la vida del vivir, ni el Espíritu de la materia, ni el Principio Divino de una creación universal. Dios es "el todo en todos," es decir, Dios está en todo y es todo. El jardinero encuentra una idea divina oculta en la semilla; liberada a la acción, esta idea produce una planta. El geólogo encuentra la impresión de fuerzas invisibles en la piedra. El evolucionista descubre la historia de las actividades cósmicas en el planeta al descifrar el desarrollo de una Fuerza de Vida Inteligente que lleva la creación hacia su punto cumbre: la producción de vida auto-consciente. El científico encuentra una energía oculta en el átomo, y el genio espiritual descubre un conocimiento intuitivo que sólo puede explicarse con la teoría de que descansamos en el regazo de una Inteligencia Infinita.

Tan cercana es la unión de la creación con el Creador que es imposible decir dónde uno empieza y la otra termina. Emerson nos dice que la naturaleza es Espíritu reducido a Su mínima densidad, y Spinoza dice que la mente y la materia son la misma cosa, mientras Jesucristo proclamó audazmente que las mismísimas palabras que hablaba eran Espíritu y eran vida. El Hermano Lorenzo, un Carmelita del siglo XVII famoso por su vida piadosa, alcanzó una fase tan alta de percepción que le era imposible recoger una paja sin comprender que eso mismo era Dios actuando a través de él. Robert Browning escribe acerca de una chispa que podemos profanar pero nunca realmente extinguir, y proclama que todos somos Dioses, aunque aún en gestación. Wordsworth canta que el cielo es el hogar nativo de toda la humanidad, y Tennyson exclama que más cosas se forjan mediante la oración que las que este mundo pueda soñar. Shakespeare percibió sermones en piedras y bondad en todo.

Estamos al borde de descubrir un universo espiritual y concluir finalmente que lo que nosotros llamamos el universo material es el surgir espontáneo, a través de la evolución, de fuerzas internas que no pueden explicarse pero que deben aceptarse. ¿Cómo entonces, podemos poner en duda que la misma mente que ahora usamos sea el Principio Inteligente del cual todas las vidas derivan su poder de ser y expresarse? En el Tratamiento Espiritual Mental este sentimiento de nuestra unión con la Mente Divina constituye el poder de la palabra hablada. Jesús proclamó: "no soy yo, sino el Padre quien vive en mí, Él hace el trabajo".

El Matrimonio Místico es el reconocimiento de esta unión interna. "Vuestro Creador es vuestro esposo", es una proclamación de Unicidad Eterna. El Principio interno pone ante el intelecto la pregunta: "¿Seréis vos sanado?" ¿Quién puede contestar el enigma del Universo? La esfinge silenciosa obstruye nuestra senda hasta que la pregunta se contesta. Cuando el sentimiento de aislamiento y separación se transforma en uno de alianza y unicidad, el enigma se resuelve y el monstruo amenazante se convierte en un sirviente obediente.

"Venid hacia mí todos vosotros que estéis cansados y abrumados, y yo os daré descanso". Ésta es la invitación del Padre Invisible revelada a través de la mente de uno cuyos ojos estaban abiertos. El progreso de la evolución depende de nuestra habilidad de sentir nuestra unicidad con la naturaleza y sus fuerzas. Cuando este conocimiento de unicidad llegue a todas las personas por igual, cesará el clamor de las multitudes y el clarín hará eco en las notas suaves del amor fraternal. En el sanar espiritual/mental, la cosa más importante que debemos enfatizar es la presencia de la perfección espiritual detrás de toda apariencia, y la unicidad perfecta del bien con el individuo.

CAPÍTULO

LA LEY, EL SIERVO
DE LA PALABRA

La ley subjetiva de nuestro ser está sujeta a nuestro uso consciente de ella; la psicología y la ciencia mental tienen amplias pruebas de este hecho. Las reacciones subjetivas al pensamiento no son volitivas. El ser humano, según lo entendemos, es el resultado de su pensamiento y actos conscientes, así como de sus reacciones subjetivas a la vida y de ese indefinible algo que es el Espíritu en él. Este Espíritu surge a través de él, es consciente de Sí mismo y es consciente de él. La mente subjetiva no tiene auto-consciencia, pero es inteligentemente consciente de la dirección que recibe. Es un efecto más que una causa, un medio o una manera, en lugar de una cosa o una entidad. Se vuelve aparentemente una entidad pero no por sí misma. Al no tener ningún poder de iniciativa, ninguna voluntad u opción consciente, permanece plástica, moldeable, aunque creativa; una cosa para ser usada; una ley que debe obedecer.

Hasta donde estas declaraciones se entienden, esto parece ser probable. ¿Qué alcance puedan tener las posibilidades inherentes en estos pensamientos? Nadie puede establecerlo de seguro. Todo sucede como si fueran verdad, por lo que tenemos el derecho absoluto de aceptarlos y proceder sobre esta base.

Generalmente se acepta que la mente subjetiva es el constructor silencioso del cuerpo, el asiento de la memoria, y el almacén del pensamiento y la emoción. Esta consciencia interna es el medio entre el pensamiento y su manifestación.

Inconsciente de sí misma, aún así es consciente de lo que hace sin conocimiento dentro de sí misma; aún así sabe qué hacer; impersonal por naturaleza, toma la impresión de la personalidad; como es neutral, no tiene ninguna opción; como plástica y receptiva que es, debe reflejar y actuar de acuerdo con la ley natural como energía inteligente y creativa, imparte un genio creativo a la palabra que sobrepasa por mucho al del intelecto consciente de toda la raza humana.

Parece paradójico que la mente consciente pueda dirigir una inteligencia mayor que ella misma, la cual no sabe que es poder, ni que es inteligencia; y aún así, ¿no usamos nosotros constantemente ese poder? ¿Quién sabe cómo es que el huevo se vuelve un pollito? ¿Quién sabe cómo es que las comidas sólidas y líquidas se convierten en sangre, hueso y tejido? Y, sin embargo, sabemos que así pasa.

Cuando llegamos a la naturaleza de las cosas, no hay nada qué hacer sino marchar hacia adelante con fe en su fiabilidad. Los metafísicos irán más allá que los psicólogos al proclamar una subjetividad universal de la que nuestras subjetividades individuales no son más que usos personales.

Esta grandiosa mente subjetiva es el principio universal de todo pensamiento y acción. Es la creadora silenciosa del destino, y tiene receptividad inteligente y habilidad creativa, pero al no tener ningún propósito propio para ejecutar, la compele su propia naturaleza para ser servidora del Espíritu. El Científico Religioso opera a través del uso de este grandioso medio. La Fe puesta en movimiento en este medio produce hechos en la experiencia humana. Nuestros propios estados subjetivos individuales de pensamiento constituyen nuestra porción del medio a través del cual trabaja ésta, la ley. Si tenemos una verdadera convicción en concordancia con la armonía suprema, podremos crear una idea, y ésta tomará una forma igual a nuestro equivalente mental de semejante idea.

Si deseamos demostrar estos principios, debemos actuar como si fueran verdad. Debemos afirmar diariamente la presencia de una Ley Divina que obedecerá nuestra palabra, siempre que esta palabra esté en armonía con la verdad. La única limitación que se le pone a esta palabra es la de nuestra incredulidad y la imposibilidad de usar la ley universal destructivamente, sin dañar finalmente al que la usa.

LA ENERGÍA DETRÁS
DEL PENSAMIENTO

La naturaleza descansa en el regazo de una Inteligencia y Vida que, sin cualquier esfuerzo claro de Su parte, proporciona tiempos de plantar y cosechar. ¿Cómo podemos dudar que el poder detrás de las cosas sea adecuado y sea una Unicidad?

La originalidad, la espontaneidad y la volición se observan a cada paso en la naturaleza, y de esto solamente podemos derivar una conclusión razonable; que detrás de todo, coordinándolo todo, hay un Poder Único omnisapiente, que es toda bondad, toda belleza, principio absoluto, eterno e inmutable.

Nuestras religiones populares con sus semidioses, son tan sólo una variedad de puntos de observación para la mente—albergues donde el alma cansada descansa durante la noche—en su jornada del materialismo hacia la consciencia interna del idealismo; y al despertar a una visión mayor, con el rocío de la Eternidad en el jardín, el alma se aventura para encontrar un Dios mejor.

Nuestros semi-conceptos vienen cuando los necesitamos y permanecen mientras los necesitamos, para disolverse finalmente en un concepto mayor de Realidad. La religión de cada persona es una respuesta al lamento del alma que clama por algo que sea real, algo con lo que se pueda contar, un lugar de descanso del cual todos sentimos una necesidad instintiva.

Somos creados, nos dicen, a semejanza del Eterno, según la imagen del Infinito. Presentimos una divinidad dentro de nosotros, una naturaleza escondida en el secreto interior de nuestras mentes que escasamente hemos penetrado—una unicidad con el Todo. La facultad intuitiva que usamos para descubrir la Realidad es evidencia de que esta Realidad ya está latente dentro de nosotros.

No importa si alcanzamos este lugar a través del proceso inductivo de la ciencia, o por el proceso deductivo de la revelación. Es inútil para el materialista decir que la revelación es un mito, porque puede mostrarse que la ciencia es un proceso inductivo que lleva a deducciones, y que todas las deducciones son revelaciones. Toda la vida es una revelación—de la cuna a la tumba; por revelación entendemos el descubrimiento de aquello que ya es en esencia, ley y orden.

Las conclusiones más penetrantes y de más largo alcance que jamás se hayan hecho por el hombre, anuncian que la creación es un resultado de la contemplación de Dios. La Ley del Universo propulsa a la Mente a la acción, y a la acción en creación, la creación, entonces, es un efecto, un resultado. La palabra creativa de la Inteligencia Universal se proyecta a Sí Misma en la forma. Al hablar acerca de la energía del pensamiento, o del poder de la fe y la oración, no pensamos en la fuerza de voluntad sino en el Poder Original. El pensamiento, o la oración (pensamiento dirigido), meramente usa una energía que ya existe. El electricista no pone energía en la electricidad; la extrae.

Si es verdad que existe una ley de pensamiento, si ha habido evidencia de que alguna oración ha sido contestada, o que la fe de cualquier persona ha consumado una realización objetiva de esa fe, entonces hay evidencia de que una Inteligencia en el universo acepta la palabra de fe y es activada por ella.

Un practicante inteligente sabe que hay una Ley Universal que activa su palabra, y usa esta Ley con el conocimiento definido de que usa un principio científicamente probado, una fuerza conocida, definida y comprobable, porque para él, la presencia de un Poder Inteligente en el universo que recibe la impresión de sus pensamientos y es activado por ellos es un hecho probado, aceptado y consumado.

El practicante sabe, sin embargo, que esta energía sólo puede responder por correspondencia. En otras palabras: la medida de nuestra fe en el Infinito es la medida de nuestra capacidad de extraer del Infinito; esto es por lo que el Gran Maestro Jesucristo dijo: "... hágase todo como has creído". Mateo 8:13. Si podemos creer en un bien abundante, entonces podremos recibir ese bien abundantemente. Es según nuestra aceptación mental o equivalentes mentales— conforme a nuestra fe—que la vida se manifiesta a través de nosotros.

Medimos la vida a través de nuestro concepto, automáticamente; el pensamiento tiene poder. Si deseamos demostrar que hay un principio espiritual que podemos usar definitivamente, debemos deshacernos de cualquier sentido de coerción y volvernos tan receptivos como un niño inocente; permitámonos definitiva y conscientemente aceptar nuestro bien, y continuemos aceptándolo hasta que lo experimentemos. Debemos sujetarnos a la Ley si deseamos que la Ley se sujete a nosotros. Una flexibilidad amable con uno mismo, y una fe persistente ante las aparentes contradicciones, es la única manera de acercarnos al principio de acción correcta.

Más profundo que nuestra mente es el Espíritu, al cual comprendemos solamente de la manera más ligera. Desde esta Infinita Reserva Universal fluye un poder que atraviesa nuestras mentes y las impulsa a la acción. Al estar la mente quieta y en paz atrapa la visión de un bien mayor; mientras la mente esté en tumulto y en combate, no puede recibir una imagen más allá del círculo limitado de su existencia. En alguna parte los muros de nuestra experiencia deben caer, debemos aprender que podemos superar nuestras experiencias anteriores; que detrás de lo finito está lo Infinito.

Mientras creamos que es necesario ponerle energía al Espíritu y usurpar así el trono del Genio Creativo Original, no llegaremos al punto de la demostración. Hay energía en el pensamiento, no porque sea creada por la fuerza de voluntad sino porque así es. El pensamiento definido atrae esta energía a nuestros deseos conscientes y demuestra según nuestra fe en la ley de Dios.

Debe haber una creencia consciente por parte de aquellos que buscan demostrar este Principio, de que su fe y su pensamiento son las avenidas a través de las cuales la ley se expresa para ellos. En la técnica de Tratamiento Espiritual

Mental, el pensamiento meramente usa el poder inteligentemente. La voluntad decide cómo será usado el poder.

Si tenemos que resolver un problema debemos crear la convicción en nosotros de que la Inteligencia está resolviéndolo ahora; esto debemos recordarlo al dar un Tratamiento Espiritual Mental. El Tratamiento debe ser concreto, específico, consciente, definido, e incluir las ideas generales que uno desea llevar a la forma.

Aunque hay un punto de decisión y opción en el Tratamiento, no debe trazarse el camino a seguir; si el tratamiento es la causa, la demostración es el efecto, y ya está en la causa, como la flor está en la semilla. Está escrito: "Yo soy el Alfa y el Omega." El Tratamiento debe darse con una aceptación completa de que hay un poder, una Inteligencia y una ley que opera en la palabra; cualquier cosa que la mente entretenga que niegue esta aceptación debe neutralizarse conscientemente, debe aclararse el campo de la duda y dejar la mente abierta a la Causa.

Una experiencia definida que pruebe la integridad del alma, y su relación directa a la Mente y el espíritu Universal, nos será de más provecho que todas las enseñanzas de teología, porque solamente así llegaremos al lugar donde podemos decir: "Lo que sé es que yo era ciego y ahora veo." Juan 9:25.

La Energía detrás del pensamiento constructivo es Espíritu; el Espíritu penetra todo, de ahí que el pensamiento constructivo extraiga lo mejor de cualquier experiencia particular. Un Científico Religioso es un idealista práctico, pero no un soñador. El pensamiento oscila de la contemplación a la acción, de la oración a la actuación, porque aunque hay un lugar muy profundo en nuestra alma que mora en la quietud eterna, también hay un lugar en la circunferencia de nuestro ser, que animado por este principio interno, marcha hacia delante para lograr su propósito. Solamente así la contemplación puede transformarse en cosecha y el reconocimiento interno en realización exterior. No es una práctica adecuada pasar todo el tiempo en contemplación o meditación. Debe haber un equilibrio entre lo interno y los estados exteriores; de la comunión interna del alma con el Espíritu proviene la inspiración y la guía; pero este estado interno seguirá siendo un sueño ocioso a menos que el cielo se traiga a la tierra, y la percepción espiritual se entreteja en la tela de la experiencia cotidiana. Se ha dicho que "el reino del bien" se realizará en la tierra cuando lo externo refleje lo interno. "Hágase tu voluntad en la tierra como en el Cielo," es un reconocimiento de la unicidad que toma lugar cuando lo real se une con lo ideal. Es entonces que la experiencia en el mundo exterior refleja legítimamente los estados internos de felicidad y bienestar.

Un hombre que no se expresa es un hombre incompleto. El universo objetivo, a través del cual interpretamos la Causa Invisible, es suficiente evidencia de que el Genio Creativo Original pasa eternamente de la substancia, a través de la Ley, a la manifestación. Derrotaríamos el propósito mismo de la vida si viviéramos en un estado continuo de meditación u oración, olvidados del mundo objetivo. Los valores prácticos de la percepción espiritual permanecen latentes hasta que se vuelven concretos. Cualquier esfuerzo por aislarse uno mismo del mundo de la acción es contrario al orden del universo, y por consiguiente inútil. Buscamos hacer nuestros sueños realidad, y a menos que nuestros sueños sean alucinaciones subjetivas, ellos se volverán experiencias reales si demostramos nuestro principio de que verdaderas ideas se convierten en logros.

A menos que ya tengamos una práctica espiritual y mental, necesitamos dedicar no más de treinta minutos o una hora cada día en meditación y oración. Este tiempo es de valor inestimable en nuestra vida práctica porque es aquí donde unimos lo real con lo ideal, y recibimos inspiración para la acción, y dirección para el logro. En esta práctica intentamos darnos cuenta de la unión del Espíritu con todo lo que hacemos, y como "no hay grande ni pequeño para el Alma que todo lo crea", resulta que nuestro deseo más insignificante es también importante para el universo, ya que es alguna expresión de la Mente del Padre a través de nosotros. Esto da dignidad a nuestra tarea más trivial y le da un valor mayor a los esfuerzos humanos. La felicidad de la vida individual es esencial a la Totalidad Universal, porque solamente así puede encontrar una extensión de Sí Misma.

Si buscamos demostrar el poder de la realización espiritual en nuestros asuntos cotidianos, debemos pensar que somos guiados Divinamente, y hacer afirmaciones que establezcan que nuestra mente recibe continuamente impresiones con imágenes de acción correcta; que todo en nuestra vida se controla a través del amor, la armonía y la paz; que todo lo que hacemos prospera; que la energía eterna está detrás de todas las cosas y anima todo lo que emprendemos. Cada evidencia objetiva contraria a lo afirmado debe negarse resueltamente, y en su lugar debe sentirse que la acción correcta ya está en el proceso de tomar lugar. Debe sentirse una unicidad entre el Espíritu en nosotros y el Espíritu en todas las personas, y que circula en todo lo que acontece. Debemos declarar definitivamente que el Espíritu dentro de nosotros, que es el Espíritu de Dios, lleva todo lo que nos concierne a la acción correcta; que extrae lo mejor en todas nuestras experiencias, y que siempre nos guía y sostiene. Debemos afirmar diariamente el mayor bien que nuestra mente pueda concebir. Desde la perspectiva de tal meditación, debemos aventurarnos diariamente a una vida de acción, con la voluntad y determinación de ser y actuar con la alegría de la transformación.

CAPÍTULO 6

EVOLUCIÓN ESPIRITUAL

La evolución de la humanidad es definida, sosegada y con propósito. Este propósito lo comprueba el hecho que algo está evolucionando de una manera definida. Hay intención detrás de la vida del individuo. No importa a través de que proceso trabaje esta intención. No le importa si concluimos intuitivamente ser la descendencia de una Conciencia Divina, o si tomamos el proceso más esmerado y rastreamos nuestra genealogía hasta el primer movimiento, llegaremos a la misma conclusión: Que algo definido toma lugar.

Mis amados, ahora somos hijos de Dios, y aún no se ha revelado lo que hemos de ser; pero sabemos que cuando él aparezca, seremos semejantes a él, porque lo veremos como él es. (1 Juan 3:2) El escritor se refería a la idea del Cristo, a la filiación universal, la intención original de Dios para el ser humano, al que las Escrituras nos presentan como el Cristo, la persona ideal. Nos dice que todos somos miembros del cuerpo que es el Cristo; el Hijo engendrado del Único Padre;

y aún no se ha revelado lo que hemos de ser; pero sabemos que cuando él aparezca seremos semejantes a él, porque lo veremos como él es. Pero aun así dice: Mis amados, ahora (en este momento) ya somos hijos de Dios, aun si el proceso de evolución continúa tomando lugar y quizá nunca se detenga, porque siempre estamos en desarrollo. Estamos en un estado incompleto—nosotros, los niños de Dios; y cuando evolucionemos más completamente veremos al Cristo aparecer, es decir: "cuando él aparezca, seremos semejantes a él, porque lo veremos como él es" y nos transformaremos de la gloria en gloria como consecuencia de ese impulso divino escondido dentro de cada uno de nosotros.

El escritor hablaba a sus compañeros y decía algo así: No teman, ahora sois los hijos de Dios, no se preocupen, así se necesita de momento, en la medida en que su consciencia se expanda, entenderán lo que la verdadera filiación significa, lo que Dios es, lo que significa la filiación divina. Cuando despierten comprenderán que están despertándose a ustedes mismos. Cuando él aparezca lo conoceremos porque seremos como él. Éste es el mensaje que intentaba dejar, que aun ahora la realidad divina se cumple en la Mente Infinita. "Mis amados, ahora somos hijos de Dios". En otras palabras, dentro de cada uno de nosotros hay un ser indestructible, una persona eterna, una persona espiritual, una persona con la intención de expresar las cualidades de Dios. Así también nos dicen que seremos transformados al renovar nuestras mentes, al dejar atrás la vieja personalidad y adoptar una nueva, la del Cristo; el patrón Divino de la persona.

Cuando trazamos el desarrollo de la personalidad humana, encontramos un impulso calmado, pausado, definido e irresistible que construye las formas más finas y las avenidas más inteligentes de auto expresión. Un impulso que surge a través de todas las fases de los organismos inconscientes y de simple consciencia, hasta que alcanza un ciclo en el que introduce al hombre auto-consciente. Un paso muy definido tiene lugar cuando llegamos a la etapa del hombre auto-consciente. El Espíritu Divino ha desenvuelto entonces una alma viviente, una emanación de Sí mismo, para que esta alma pueda volverse inmortal pero individualizada.

¿Por qué es requisito que el alma sufra las experiencias de evolución? La individualidad significa espontaneidad, decisión propia, volición, realidad, habilidad creativa. Si fuéramos a asumir la individualidad y la volición, sin la ley para traer su decisión a la fruición, tendríamos un sueño, una alucinación, una fantasía. La individualidad presupone una opción, lo que a su vez presupone la posibilidad de llevar la decisión a la experiencia real. Sólo a través de experiencia se puede llegar a la unicidad consciente con la Mente Divina. La idea surge de un estado inconsciente a uno consciente cuando se individualiza. Al llegar a la elección personal cesan los métodos arbitrarios de evolución. Nos individualizamos cuando alcanzamos el punto en que nos conocemos a nosotros mismos, entonces la Mente Cósmica debe esperar para reconocer nuestra relación con Ella.

Al alcanzar la auto-consciencia, el Espíritu no puede hacer ya nada más por nosotros a menos que cooperemos conscientemente con Él. Desde el momento en que los seres humanos dijeron su primer "yo soy," nada se ha vuelto a forzar en nosotros. Hemos vivido, conocido, aprendido, experimentado y descubierto.

La naturaleza ha esperado nuestro descubrimiento de sus leyes; y al descubrir nuevas leyes, las empezamos a utilizar. Éste es el significado del refrán antiguo,—la naturaleza nos obedece cuando la obedecemos primero. Debemos entender sus leyes, entonces ella nos obedecerá. Moisés no supo nada sobre electricidad; Salomón, con toda su sabiduría no tenía automóvil, y aun así estas posibilidades existían... esperaban...—"Estoy de pie a la puerta y toco" (Apocalipsis 3:20). Tan pronto como la Mente Divina llevó la evolución de la personalidad a un punto de autoreconocimiento, tuvo que esperar la cooperación consciente del hombre para evolucionar todavía más.

Pero desde el principio, la idea de hombre perfeccionado debe de haber estado en la Mente Divina; involucrado dentro de la causa siempre está el efecto. Y en la mente del Eterno, la humanidad debe ser perfecta. Dios es Mente perfecta y no puede concebir ideas imperfectas, de ahí que la idea de humanidad como se tiene en la mente de Dios, debe ser una idea perfecta. El humano perfecto es el único humano que Dios conoce.

La humanidad puede hacer lo que quiera de sí misma (tendrá que vivir con las consecuencias de sus actos) pero siempre le quedará ella misma. Podremos profanar, pero nunca podremos perder nuestras vidas. El Espíritu siempre tiene un testigo dentro de nosotros y la persona con intención de Dios ya sabe que él o ella son una unicidad con el todo; esa naturaleza se forma de un poder último, usa muchos instrumentos y tiene muchas avenidas de expresión. Ha llegado el momento en nuestra evolución cuando debemos despertar al reconocimiento de que detrás de cada uno de nosotros está la Mente eterna, que cada uno tiene acceso completo a Ella; que cada uno puede venir a Ella por inspiración y revelación; que alrededor de todos hay una Ley Divina que obedece los dictados de esta Mente eterna. El desarrollo de consciencia ha llegado a una etapa donde la individualidad puede comprender su propia divinidad. Estamos despertándonos al reconocimiento de esto. La persona que Dios ideó es un centro divino de consciencia de Dios en la senda de experiencia con el propósito de desenvolver una individualidad definida. Es únicamente cuando trabajamos en cooperación consciente con lo Universal, que despertamos a la Realidad. Es solamente cuando entendemos la naturaleza y obedecemos sus leyes que podemos esperar aplicarlas en la vida. La ley es una ley de libertad y no de esclavitud. Detrás de todo hay un gran impulso que trata de expresarse a través de cada medio; ¿por qué no permitir que se exprese a través de nosotros?

La evolución es un principio que, aunque invisible, encuentra su manifestación en cada forma de vida. Es el resultado lógico y necesario de la Inteligencia Universal o Espíritu. Pero la evolución es un efecto de la inteligencia y no su causa; le sigue a la involución. La involución es la idea, mientras que la evolución es el desarrollo de la idea. La involución precede a la evolución con precisión mecánica, propulsada por una ley inmutable—la Ley de Causa y Efecto.

Dios es Inteligencia Universal o Espíritu. La única manera en que la Inteligencia Universal puede moverse es a través de un movimiento interno. Dios debe moverse dentro de Dios, ya que Dios es todo. Se mueve dentro de, y sobre Él Mismo. El movimiento detrás del mundo objetivo debe ser un movimiento subjetivo; un movimiento de consciencia. Es entonces necesario que en donde quiera que haya movimiento, éste deba acontecer dentro de (y en) el Uno. Así se concluye que cualquier cosa que se crea, se crea de este Uno.

Dios se mueve en Dios. Éste es el punto de arranque de toda creación. Cada vez que uno concibe una idea, es Dios quien se expresa. Esta Consciencia conoce eternamente y es eternamente conocida a través de cada uno. La naturaleza de Dios es saber. Existe un deseo emocional o de expresión inherente en el universo.

Hay una ley universal que obedece la voluntad del Espíritu. Ésta es la ley a través de la cual aquello que ha sido concebido (o "invuelto") evoluciona. Nosotros, como espíritu consciente, ponemos una ley universal en movimiento que produce cosas de las ideas. El espíritu involuciona y la ley evoluciona; pero la ley no sabe que está evolucionando porque su naturaleza es evolucionar.

La evolución, entonces, no es una cosa en sí misma. Es un efecto. Detrás de toda forma objetiva (visible) existe un prototipo subjetivo (invisible) semejante y perfectamente equilibrado de la forma. La cosa concebida (o ideada) equilibra perfectamente la cosa que evoluciona de ella. La evolución es el tiempo y el proceso a través de los que el Espíritu se despliega. En cuanto cualquier individuo entiende esta ley mental, él o ella pueden usarla. Debemos aprender cómo funciona, y debemos obedecer la manera en que funciona; siempre es un sirviente obediente. Como un hombre siembra, así también siega. Involución y evolución, el pensamiento y la cosa, la palabra y la ley, el propósito y la ejecución—ésta es la secuencia de la manera en que trabaja la ley.

Aunque hay libertad en el principio de la evolución, por necesidad éste siempre está en acuerdo con ciertas leyes fundamentales. Parece como si detrás de toda evolución hubiese una presión irresistible que compeliese a cosas mejores, mayores y más elevadas. Si estudiamos la evolución de la locomoción desde los orígenes del hombre, le vemos montar en un caballo, en una carreta, luego en bicicleta, hasta llegar al automóvil y al avión. ¿Qué es esto sino la evolución de la locomoción? El desarrollo, a través de la mente del hombre de las posibilidades de la locomoción. Si observamos la evolución de los viajes en el agua, encontraremos un desarrollo semejante, desde la balsa hasta la nave.

¿Cuál es el fin inevitable de la locomoción? Posiblemente terminaremos por anular todos los medios visibles de transporte. Aquello que es principio detrás de la evolución no estará satisfecho con el proceso a través del cual ahora nos movemos. Cuando nos hayamos unificado con la Omnipresencia, seremos omnipresentes.

Cuando usted y yo sepamos lo suficiente y estemos en Los Ángeles y deseemos estar en San Francisco, estaremos allí. Cuando sepamos lo suficiente para querer ir a otro plano de existencia y regresar de nuevo, podremos hacerlo. Cuando sepamos lo suficiente para multiplicar los panes y los peces, lo haremos. Cuando sepamos lo suficiente para caminar en el agua, podremos hacerlo, y estará todo en acuerdo con una ley natural de un mundo espiritual.

EL SECRETO DEL PODER ESPIRITUAL

Al hablar de Poder Espiritual me refiero a un algo dinámico que es inteligente, consciente de lo que hace, y que es capaz de hacerlo sin ayuda externa. Pensamos en la energía física midiéndola en caballos de fuerza, o en la habilidad que tenga para levantar un peso a un cierto número de metros por encima de la tierra. Permitámonos pensar en el Poder Espiritual, no como un poder contradictorio al físico, sino como uno de naturaleza más sutil. Debe haber poder espiritual que no contradiga al poder físico, sino que sea el que origine a este último, ya que siendo mayor debe incluir lo menor.

Podemos encontrar a través de la historia, auténticos registros de personas que han ejercido poder espiritual, sin importar cual haya sido su religión o teología. Nadie puede ser un estudiante de historia, o un observador perspicaz de la vida, sin llegar a comprender que existe una cosa tal como el poder espiritual. Por consiguiente, sin discusión, podemos aceptar su realidad.

Todo el mundo está en busca de la Realidad. Intuitivamente sentimos la necesidad de Algo más grandioso de lo que somos, algo en lo que podamos contar con certeza. Necesitamos el poder espiritual más aún de lo que necesitamos el poder físico. Necesitamos ambos y tenemos ambos. Pero aunque tenemos gran energía física a nuestra disposición, eso no nos ha satisfecho. Por consiguiente, podemos observar un fenómeno interesante que se da en el mundo de hoy –muchos de nuestros científicos están volviéndose filósofos que luchan por determinar en qué manera se relaciona su propia ciencia con un significado más grande de la vida. Uno de los más grandes psicólogos del mundo dice que después de treinta años de analizar el pensamiento subjetivo de personas educadas de todo el mundo, ha encontrado que en la mayoría de las personas de más de treinta y cinco, la neurosis es causada por la falta de una verdadera percepción espiritual. También establece que en ningún caso que él ha atendido hubo un sanar permanente sin haber primero una restauración de algún tipo de fe religiosa. Aquí no nos habla desde el punto de vista de un teólogo, sino como científico y como médico,

Sus conclusiones no tienen nada que ver con ningún credo doctrina o dogma en particular. Él habla desde la perspectiva de la esencia de una verdadera convicción religiosa que no tiene que ver con ser católico o protestante, judío o gentil. Significa una convicción interna que es verdaderamente espiritual, no importa qué forma exterior de devoción asuma. La religión es una reacción a la búsqueda espiritual de la humanidad, la forma exterior de una convicción interna. Pero a través de los tiempos, aquellos que han sido verdaderamente espirituales, no importa cuál forma exterior haya tomado su convicción, han tenido esto en común: han creído en algo más grandioso que ellos, en un algo que les respondió. Esta creencia es la base misma del poder espiritual; es el principio fundamental de cada religión. No necesitamos descartar o discutir los méritos o deméritos de las religiones. La religión de cada persona es buena y necesaria para ella, o no la tendría. Nos gusta la nuestra, por eso nos adherimos a su causa. El poder de todas las religiones está en los principios espirituales involucrados y en nuestra unicidad consciente con estos principios. Sí existe el poder espiritual. Pero, ¿qué hacer con la persona que está tan llena de sentido común que literalmente le rebosa? Quizá se trata de una persona muy científica, probablemente un matemático maravilloso; puede que sepa todo acerca de la estructura fisiológica de la anatomía, pero sin embargo, está tan lleno de sentido común que se ha vuelto una enfermedad en él. Es tan sensato que es casi un demente. "Muéstreme el Alma," exclama, pero no tiene la más mínima idea de la energía que le permite hacer esa pregunta. Todos los físicos de la tierra juntos no saben qué poder es ése que nos permite que meneemos nuestro dedo. Si esperáramos ver aquello que es objetivamente tangible, antes de poder deducir un principio, nunca llegaríamos a ningún lado. No hay ninguna ley en el Universo que tenga este tipo de tangibilidad. Existe una realidad intangible que constituye la dinámica del poder espiritual. Siempre es lo invisible lo que hace posible a lo visible.

No caigamos jamás en el grave error de pensar que es señal de inteligencia decir, "yo soy tan práctico que debo ver todo primero en forma tangible." No hay nada más tangible en el universo que el pensamiento, y... ¿quién ha visto el pensamiento alguna vez? El amor no puede verse: vemos lo que hacen las personas que están enamoradas—vemos que cambia toda su psicología, generalmente para mejor, pero es una cosa intangible. No vemos a la vida, la experimentamos. Por consiguiente, no hay por qué confundirse si alguien pregunta: "¿Cómo se ve el Poder Espiritual? ¿Se ha pesado o medido?" ¡Por supuesto que no!

Hemos oído hablar mucho de la psique y las represiones, los complejos y las inhibiciones y la libido. Sin embargo, no hay nada en ellos de lo que podamos obtener una fotografía; son invisibles e intangibles. Quién ha visto alguna vez el poder o la inteligencia que convierte el pan, las patatas y la carne en las uñas de los dedos—y sin embargo aquí están.

Así que permitámonos sentir que cuando discutimos acerca del poder espiritual estamos hablando sobre algo que es real. Tenemos más evidencias del Alma que del átomo. Mucho se conocía acerca del alma antes de que oyéramos hablar del átomo. En realidad, la idea de la materia desaparece en un campo completamente teórico e hipotético, y nadie sabe con certeza lo que es.

A través de la historia ha habido personas como Jesús de Nazareth, Buda,—así como muchos santos de las iglesias católicas y protestantes (y muchos otros que no tenían iglesia)—quienes han tenido y usado un poder sutil espiritual. Hasta ahora, la psicología no ha tomado en consideración este Poder; el objeto de la filosofía es su búsqueda.

La mayor parte de la investigación científica lo ha pasado por alto, pero ésta es la esencia misma de la religión y su meta más alta, lograr una unión con esa realidad invisible pero inteligente a la que hemos dado el nombre de Dios o Espíritu. El planteamiento que innumerables personas se han hecho acerca de la Realidad, les ha producido una respuesta y reacción correspondiente de lo que sea que hayan contactado. Ese poder espiritual es una Realidad que es tan tangible como un maizal en momento de cosecha, o como un ocaso.

Apenas estamos en el proceso de emerger de una edad en la que hubo un enfoque tan extremo a las cosas científicas, que casi produjo una paralización espiritual del alma. La gente pensó que ya que todo podía reducirse a la Ley, que nada de naturaleza espiritual quedaba. Esa edad ya está pasando. Fue quizás necesaria para introducir las cosas notables que la ciencia nos ha dado. Pero necesitamos científicos que puedan ponderar profundamente el significado de sus propios descubrimientos. ¿Por qué es que toda investigación científica nos conduce a esa invisible Fuente de la Naturaleza de la que surgen todas las cosas? Parece ser que al final, todas las ciencias convergen en el principio de una unicidad infinita de la que todo debe surgir. Ésta es ya la creencia de muchos científicos de nuestro día.

¿Parecerá extraño, entonces, que digamos aquellos de nosotros que andamos en la búsqueda del autodescubrimiento, que el espíritu de la humanidad está arraigado en una unicidad común, una Presencia universal? Ciertamente tenemos los fundamentos adecuados sobre los cuales construir, no la esperanza sino la convicción de que "cada uno de nosotros es un pensamiento de Dios en germen."

El secreto del poder espiritual reside en la consciencia de nuestra unicidad con todos y con todo, y de la disponibilidad del bien. Somos uno con la creatividad universal que es a lo que se llama Dios en la teología, Espíritu en el misticismo, Realidad en la filosofía, y Principio en la ciencia. Dios es accesible para todas las personas.

Acerquémonos a esta Realidad con la inocencia de un niño, así pondremos de lado todas las diferencias y comprenderemos que judío o gentil, protestante o católico, budista o confucionista, idealista o agnóstico, todos tienen un poder espiritual conmensurado a la medida en que se unifican con la Realidad. La historia del esfuerzo espiritual ha demostrado que cuando uno cree en la realidad espiritual ésta desciende a su pensamiento y fluye en su expresión. Esto es por lo que personas como el gran maestro Jesús han dicho, "¡Cree!"

Yo he sentido a menudo que el Espíritu debe ser creencia pura, imaginación pura, sentimiento puro, volición perfecta, y sabiduría completa, fundidas en una unicidad. Que es una personalidad infinita, tan personal para ti y para mí como lo somos el uno para el otro. Dios debe ser más que un principio matemático. El espíritu es la Causa, la esencia de ese Ser del cual nos personificamos. En ese lugar donde el Espíritu se personifica debe ser personal para nosotros, no separado sino personal y presente en nosotros. Quizá éste es el significado de lo que dijo Jesucristo—"no es yo sino el Padre quien vive en mí", o "El Padre es más grande que yo".

El poder espiritual proviene de una consciencia de nuestra unicidad con el todo, y un conocimiento del interés directo del Espíritu para con nosotros. Su creatividad está en y con nosotros, siempre al alcance, no como "algún lejano evento Divino hacia el cual se dirige la Creación," sino como esa cosa a la que Whitman se refería al decir: dentro de cada uno de nosotros anida la semilla de perfección. O como lo dijo Emerson: Zeus reconoce a Zeus detrás de cada uno de nosotros. Es la cosa que todo el esclarecimiento espiritual tiene que reconocer—Dios encarnado en el individuo. O, como Emerson dijo: No digamos que Dios fue, sino que es; no que Dios habló, sino que habla.

El Gran Maestro nos dijo que la disponibilidad inmediata de la presencia de Espíritu no está ni en la montaña ni en el templo: No está aquí ni está allá—"el Reino de Dios está dentro de ustedes".* Ésta es una percepción de poder espiritual. Por consiguiente, cuando hablamos la verdad, ya no soy yo sino el Padre que vive en mí el que habla.

¿Podríamos concebir así al Espíritu Divino como un ser encarnado en nosotros, que es al mismo tiempo mayor que lo encarnado? ¿Nos extenderíamos así espiritual e intelectualmente? La vida es creativa, es inteligente, nos responde inteligentemente. El entendimiento de esto es uno de los secretos del poder espiritual. Es directo. Debemos creer en la bondad eterna, el amor eterno, y en la sensibilidad eterna.

Ya que nuestra habilidad de saber es Dios en nosotros, debe concluirse que el pensamiento es creativo. "Las palabras que yo les he dicho, son espíritu y son vida". ** El maestro no dijo que estas palabras van a avivar la piedad de Dios; dijo, "Estas palabras," y entonces mandó su palabra que sanó. Cuando el pensamiento sabe, entiende e incorpora Realidad, se vuelve y es Realidad, y la Realidad es poder. Éste es el secreto del Tratamiento Espiritual.

El sanar espiritual no es querer, desear, pedir, ni repetir muchas fórmulas. Es el resultado del despertar a la percepción del Espíritu encarnado en la persona que necesita ayuda. Cuando la ilusión de la dualidad desaparezca de nuestra percepción mental y lleguemos a comprender que somos seres íntegros, perfectos enteros, sanaremos.

Estaba leyendo un artículo escrito por uno de los psicólogos más importantes de nuestros días en el que dijo que la psicología analítica es eficaz en la medida en la que el médico se analiza y extrae de sí mismo los complejos de su paciente. Por aproximadamente veinte años yo he enseñado que en la práctica espiritual, el practicante debe sanarse del problema de su paciente. Jesús dijo que debemos expulsar la viga primero de nuestros propios ojos. Es necesario para el practicante espiritual sanarse de las creencias, las inhibiciones o nudos psicológicos tanto conscientes como subjetivos del pensamiento de su paciente. El practicante espiritual se sana de las creencias que están afectando a su paciente, y si él tiene éxito en esto, y el paciente acepta tal curación, el paciente sanará.

He conocido a psicólogos analíticos que trabajan para sus pacientes cuando el paciente está ausente. Esto es lo que queremos decir por tratamiento ausente. No hay ausencia en la Presencia Única, y el psicoanalista que analiza a su paciente y trata a distancia conseguirá resultados. En el mundo espiritual no hay ningún aquí o allá. Las distancias no existen, sólo hay un aquí y ahora.

El poder espiritual es conocimiento interior. Los practicantes piensan o buscan su lugar en su propia mente, el único lugar donde ellos pueden percibir que el bien que se busca ya está inmediatamente disponible. Sí existe el poder espiritual. Es una cosa feliz, integra y saludable. Una persona sin convicción religiosa no es normal.

El mundo necesita un reavivamiento espiritual más que cualquier otra cosa; no necesita que nos volvamos todos metodistas, católicos o científicos religiosos. Necesita convicción espiritual. Debemos dirigir nuestra mirada espontáneamente hacia aquello del cual somos una parte y que sin embargo es mucho más grandioso de lo que somos. Eso que fluye siempre a través del yo personal, pero que es infinitamente mayor que él. La palabra personal tiene poder porque el espíritu es poder y fluye a través de ella.

Qué simple. Qué directo. ¿No es verdad que deberíamos practicar esto conscientemente? Ésta es la más grande de las ciencias, la más pura de todas las religiones, la más inteligente de todas las filosofías.

* Lucas 17:20-21
** Juan 6:63

VOLVERSE RECEPTIVO
A LO DIVINO

Lo que me estimuló a escribir sobre este tema fue la lectura de un artículo escrito por un gran industrial en el que dice que él cree que estamos rodeados de ideas—que siempre hemos estado rodeados de ideas—y que si llegamos a ser receptivos a ellas, llegaremos a ser capaces de averiguar cualquier cosa que queramos saber. Pero también nos dice que pensar es la cosa más difícil del mundo. Que si tú puedes fomentar el hábito de pensar en las personas, y transformarlas en pensadores, estas personas podrán hacer lo que quieran, tener lo que quieran y ser lo que quieran.

Estamos rodeados por una Mente Infinita, la cual, si nos hiciéramos receptivos a ella, podría proporcionarnos toda información acerca de cualquier cosa. Me gustaría sin embargo, diferenciar entre el concepto de que estamos rodeados de ideas, y el concepto de que estamos rodeados por una Mente Infinita. Como las ideas son el producto de la mente, se deduce que la mente es la madre de las ideas; no podría existir pensamiento sin pensador. Yo creo que estamos rodeados tanto de las ideas como de la mente que las concibe. Rodeados por una Inteligencia Infinita que es la Mente de Dios, y que es el almacén potencial de todo conocimiento posible. Esto debe ser verdad si se trata de la Mente de Dios. Esta Mente del Infinito es la causa primordial de todo lo que es, ha sido y será; el non plus ultra de todo, y se abre a nosotros en la misma medida en que somos receptivos a Ella. Así un inventor extrae su genio inventivo de ella; un pintor, la inspiración para pintar. Lo que extraemos de esta Mente, se vierte por supuesto a través de las avenidas de nuestra propia consciencia, y se interpreta en nuestros actos. De esta manera, cada uno de nosotros es una individualización del Espíritu Universal.

Ésta es la raíz misma del pensamiento filosófico. ¿Cómo es que la Mente eterna, el Uno detrás de todo, pueda diferenciarse y personificarse de maneras innumerables sin cambiar Su naturaleza? Permitámonos entrar en un jardín donde hay una docena de variedades de plantas. Todas provienen de una tierra creativa que produce a través de la ley que gobierna esa tierra, todas arraigaron en el mismo medio, cada planta produce según la naturaleza de la semilla involucrada. De la misma manera, el Espíritu se manifiesta a través de muchos individuos. No hay dos que sean iguales, cada uno tiene un lugar único en el universo de la Mente, cada uno vive en Él; sin Él nadie puede vivir, ya que cada vida individual está enraizada en la fuente de la Existencia Eterna.

Cada uno de nosotros la contactamos a través de nuestra propia mentalidad de manera individual, extrayendo de Ella aquella expresión que nos satisface. Por ejemplo, estamos rodeados por la idea de la belleza; quienquiera que mora en la idea de lo bello tiende a volverse hermoso, habrá una gracia y un encanto que se expresen a través de esa persona, que nadie podrá evitar reconocer y apreciar. Si nos hacemos receptivos a la idea de amor, nos volvemos amables y cariñosos; somos amor al grado que incorporamos amor en nuestra vida. Ésta es la razón por lo que las personas que aman son amadas; no vale la pena odiar, el odio es una idea humana; el amor es una verdad divina. Si nos hacemos receptivos a las ideas de paz, serenidad y calma, e invocamos estas realidades divinas, nos encontramos que ellas fluyen a través de nosotros y nos llenan de paz, serenidad y calma. Logramos equilibrio y balance mental. Prueba esto algún día cuando te sientas aturdido, descorazonado, agitado e irritado.

Siéntate con tu yo,—ya que hay un yo dentro de ti que es real; jamás nadie puede entrar ahí más que tú, ya que es lo que constituye el tú. Así que siéntate contigo mismo, para que puedas encontrarte, para que tu yo interno pueda hablar con tu yo externo; háblale y, si es paz lo que necesitas, llámale paz. Di: "Yo perfecto dentro de mí"—como si estuvieras hablando con una persona—o: "Paz mía, que resides en mí, perfecta como eres, ven y exprésate a través de mí", y al meditar sobre esto, al permanecer receptivo, sin forzar, sin hacer coerción, sino solamente permitiendo, encontrarás que el cuerpo físico se relajará. Tu agitación desaparecerá, la confianza y la paz le seguirán, y el equilibrio se restablecerá. Podríamos decir lo mismo de otras ideas que deseemos expresar, personificar, o incluir en nuestra experiencia, como: vida, gozo, amor, armonía. Es posible porque estamos tratando con la inteligencia creativa del universo.

Es la Mente y la Inteligencia detrás de todo, a través de todos y en todos. Es aquello sin lo cual no podría haber ningún pensamiento humano. Si eres un inventor y no logras asir la idea que realmente necesitas, ¿qué puedes hacer? Busca dentro de ti la respuesta. Di: "Genio creativo e inventivo dentro de mí que todo conoces, aquello que deseo saber sobre esta cosa en particular ya se me revela ahora." Haz tus palabras específicas y directas. Cuando la Mente Universal fluye a través del individuo, Ésta llega a la superficie de la mente consciente como una experiencia real. La verdad surge del yo interno al yo externo; o sea desde Dios, el Espíritu Universal, hacia Dios como la persona manifiesta; ya que cada persona es una manifestación directa de Dios.

Hay una mente más grandiosa que nuestra mente humana dentro de cada uno de nosotros, en la que podemos confiar. No hay nada que sea demasiado pequeño o demasiado grande para esta Mente.—¡Escucha! ¡Sé receptivo! ¡Cree absolutamente! Aquél que tiene un gran propósito en la vida, siempre está mostrando este propósito al influjo universal, consciente o inconscientemente, y así causa un fluir de la sabiduría divina en su propia mente individual. Creo que todos los grandes personajes de la humanidad han hecho esto. Ellos pueden no haber sabido o creído que estaban haciéndolo, pero creo que todos los que han logrado éxito en cualquier rama de la vida han usado este poder consciente o inconscientemente. No importa si decimos que las ideas vienen de Dios o de la humanidad, ya que cuando volvemos a la persona real, no podemos separar a esa persona de Dios. Dios, lo Universal, se individualiza en cada persona; todos son personificaciones del mismo Espíritu.

¡El Espíritu es Uno y no dos! Es un Todo perfecto. Siente que se expresa directamente a través de ti, que es la estrella que te guía en cada empresa. "No vayáis en busca de él, sino torna a ti mismo, espera en el silencio oscuro, y lo encontrarás allí." Hay un lado de nosotros que permanece abierto al Infinito. La sabiduría infinita se vuelve conocimiento humano en la medida en que el humano provee un cauce a través del cual esta sabiduría pueda fluir. Los hombres y mujeres más grandes que han vivido, han reconocido este hecho. Lo esperaron conscientemente, lo aceptaron conscientemente, lo recibieron conscientemente, hasta que llegó el momento cuando conscientemente lo sintieron fluir a través de ellos.

Si necesitamos la guía divina en algún asunto, debemos invocarla conscientemente diciendo: "El Espíritu Perfecto dentro de mí, que no puede equivocarse, adiestra ahora mi mente," o, "Permito ahora que la Inteligencia Infinita dentro de mí adiestre mi mente y me indique qué hacer en estas circunstancias, para que lo más benéfico pueda surgir en mi expresión personal". Pero haz todo lo que te sea posible por seguir la guía que recibas. No la dejes en el aire; he aquí la diferencia entre el soñador y el hombre práctico: el soñador siempre vive en las nubes, mientras que las personas prácticas mantienen su pensamiento en las nubes y sus pies en la tierra. De esta manera ellos traen el cielo a la tierra a través de ellos mismos; esto es lo necesario. Permitámonos dejar abierto el lado del sueño, ya que es el lado bello de nuestra naturaleza; es el lado meditativo, el contemplativo, el lado sutil eternamente unido con el universo, unido con la bondad. Puesto que este yo interno está en conexión continua con el yo externo, se puede establecer un flujo de inteligencia, y así estimular y motivar la mente y el cerebro al genio creativo hacia la habilidad ejecutiva. Hay algo aun en el ser más práctico, que anhela esta presencia silenciosa. Cuando pasamos todo el tiempo en cosas objetivas sin atender al yo superior, estamos amontonando ladrillo sobre ladrillo para tarde o temprano verlos caer sobre nosotros en ruinas. "El trabajador en nosotros se muere en un día, a menos que el soñador lo refresque y vigorice con el influjo divino proveniente de ese Yo Superior, que alimentado por los fuegos profundos y eternos, nunca se cansa."

Hay un lugar en nosotros que permanece abierto al Infinito. Pero cuando el Espíritu trae su regalo, vertiéndose a través de nosotros, sólo puede darnos lo que nosotros tomamos; la toma es mental. Si persistimos en decir: "La Vida no nos dará aquello que es bueno", no podrá hacerlo, dado que la Vida debe interpretársenos a través de nuestra inteligencia.

Que el que esté triste llame a la alegría; ésta vive en su interior. Es esa alegría que canta en la oscuridad y baila a la luz del sol. Es la alegría del eterno sentido de realización inherente en la Mente Divina. Abramos nuestra consciencia al influjo de esta alegría para que nos arrebate el alma. Esa alegría que Lowell nos dice llega al alma a través del césped y las flores. Esta alegría ya existe dentro de nosotros. Que el triste y el deprimido invoquen esa fuente de alegría que existe dentro de ellos, para que pueda derramarse; no podemos sentirnos deprimidos al contacto de sus frescas aguas. La mente se apoya en la acción. El Espíritu nunca se fatiga. Dios no tiene que dormir. Que aquel que se sienta sin vitalidad llame a la fuerza vital dentro de sí mismo que es energía y es vida. "Vida Perfecta, vida completa dentro de mí (no en alguna otra parte), permite emerger dentro de mí aquello que es vida, fuerza, impulso, vitalidad". Date cuenta de ello, escúchalo. Recíbelo. Espéralo. Tómalo. Al manifestarse la individualización del Espíritu, se filtra a la consciencia finita, la personalidad humana se satura con la esencia de su propio ser, e irradia un poder y realidad sublimes. "Llámame y contestaré." "Mira la Deidad y la Deidad te mirará." "Actúo como si ya fuera realidad lo que yo quiero ser, y lo seré." Seamos receptivos a la Naturaleza Divina para que pueda fluir en nuestra vida cotidiana. Nuevas artes, nuevas ciencias, nuevas religiones, mejores gobiernos y una civilización mejor, esperan en nuestro pensamiento. La energía acumulada de la vida y la posibilidad de evolución humana trabajan a través de nuestra imaginación y voluntad. El momento está listo; el lugar es donde estamos ahora, y para todos se hace realidad aquello en lo que realmente creen y actúan.

EL PRINCIPIO Y LA PRÁCTICA

El principio fundamental básico para llegar a una comprensión de la ciencia espiritual y mental es que estamos rodeados por una Inteligencia Infinita. No comprendemos el significado de semejante Inteligencia más que en un grado muy pequeño, pero, ya que somos seres inteligentes, podemos darnos cuenta de la presencia de una Inteligencia que está más allá de nuestra comprensión humana. Una Inteligencia lo suficientemente grande en Su propia naturaleza para abarcar el pasado, entender perfectamente el presente, y crear el futuro. Es la causa de todo lo que ha sido y es la fuente de todo lo que será. Nuestra propia inteligencia es una de Sus actividades y su naturaleza es semejante a Ésta; igual en esencia, pero no en dimensión.

Conocemos a Dios al nivel de nuestra comprensión de nosotros mismos. Esta auto-comprensión, que también reconoce a Dios, tiene posibilidades de eterna expansión. Como inteligencias individuales que somos, tú y yo podemos comunicarnos entre nosotros, podemos respondernos; así establecemos el hecho de que la inteligencia responde a la inteligencia. Esta misma ley debe ser válida ya sea que se trate del responder de una inteligencia finita a otra, o que pensemos en el responder de la Inteligencia Infinita a la inteligencia finita, ya que la inteligencia es la misma dondequiera que la encontramos. Podemos estar seguros de que esa Inteligencia del Infinito nos responde debido a la necesidad que tiene de ser fiel a Su propia naturaleza.

¿Pero cómo responde esta Inteligencia? Sólo puede hacerlo correspondiendo, lo que es otra manera de decir que la Inteligencia Infinita nos responde al impartirse directa a Sí misma por medio de nosotros. Éste es el significado de ese dicho místico: "El Dios Altísimo y el Dios Profundísimo es Un Sólo Dios," y el dicho de Jesús: "el Padre está en mí y yo en el Padre." Cualquier Inteligencia que nosotros poseamos es en un pequeño grado, una pequeña medida de esa Inteligencia del Infinito que llamamos Dios.

La Mente Infinita se imparte de Sí misma a lo finito a través del acto de la encarnación. La evolución de la raza humana es un proceso mediante el cual la Inteligencia se transforma, por suce-sivos grados de encarnación (a través de la evolución), en la mente humana. Aunque hay diferentes conocimientos, cada conocimiento específico es un vehículo para penetrar esa Sabiduría que comprende e incluye todos los conocimientos y todos los sistemas.

El Espíritu nos responde al corresponder a nuestros estados de pensamiento. Nosotros entramos en Él en la medida en que lo comprendemos. Él entra en nosotros a través de la correspondencia, en la medida en que Lo comprendemos. La oración, la comunión con el Espíritu, la meditación, o la contemplación, tienen el propósito común de unificar nuestras mentes con la Mente Universal, porque abren las avenidas de nuestro pensamiento a una mayor recepción. El Espíritu está siempre listo y en espera porque encarnar es Su naturaleza. Entre mayor sea nuestra receptividad y comprensión, más completo será Su fluir. El Universo no sólo es un sistema espiritual, es un sistema ordenado. Siempre vivimos bajo un gobierno regido por leyes, ya sea que se trate del alma, del cuerpo o del Espíritu, o que se trate de la física o de la metafísica.

La ley está sujeta al Espíritu, lo que no significa que el Espíritu sea caprichoso o que sólo crea una ley para transgredirla, sino que esa ley está sujeta al Espíritu, y es Su Servidora—así como todas las leyes de la naturaleza nos sirven y obedecen en la medida en que las entendemos y usamos debidamente. El Espíritu es Omnisciente y entiende y usa adecuadamente toda ley. Por lo tanto, el Espíritu nunca contradice Su propia naturaleza, es siempre armonioso, está completo dentro de Sí mismo; existe en un estado de perpetua dicha, y siempre actúa de acuerdo a la ley de Su propio ser.

Nosotros somos de una naturaleza semejante a la de este Espíritu Supremo. Todo existe dentro de Él. Existimos dentro de Él, hemos llegado a un estado de consciencia en el que podemos acercarnos a Él conscientemente, creer en Él y recibirlo; y al recibir al Espíritu, recibimos también la ley, la cual es Su servidora, y esta ley también se transforma en nuestra servidora.

Somos seres inteligentes que vivimos en un universo inteligente, el cual responde a nuestros estados mentales, y al aprender a controlar esos estados mentales, controlaremos automáticamente nuestras circunstancias. A esto se le llama aplicar de manera práctica los principios de la Ciencia de la Mente a los problemas de cada día. A esto le llamamos demostración.

Naturalmente, nuestro primer pensamiento es que nos gustaría demostrar un cuerpo sano, paz mental, prosperidad en nuestros asuntos, para así neutralizar las circunstancias tristes o atraer a nosotros algún bien del cual aún no disfrutamos. Tal deseo es natural y normal en todos sentidos, y la posibilidad de tal demostración existe ya dentro de la mente de cada alma viviente. Cada uno de nosotros tiene dentro de sí mismo el poder de cooperar conscientemente con el lado espiritual de nuestra existencia; si hacemos esto, este poder podrá crear para nosotros un cuerpo nuevo, circunstancias nuevas, y una felicidad mayor. Pero el beneficio más grande que esta filosofía de vida nos trae, es un sentimiento de certeza, un sentimiento de la realidad de nuestra propia alma, de la continuidad de nuestro propio ser individualizado y de la relación de este yo al gran Todo.

El bien más grande que podemos recibir es alcanzar una absoluta confianza en nuestra relación con el Universo, quitando para siempre la idea de que el cielo está fuera de nosotros mismos, del miedo al infierno, o de cualquier futuro estado de incertidumbre. Somos, cada uno de nosotros, parte de la Vida que es alguna parte del Dios Eterno. Estamos eternamente en la búsqueda, creciendo, expandiéndonos; el Espíritu está siempre encarnándose en nosotros.

Semejante comprensión nos enseña que no podrá llegar el momento en que dejemos de progresar, tal momento es

ilusorio, esa limitación es un error, esa infelicidad es ignorancia. No podemos tener miedo cuando sabemos la Verdad.
El beneficio más grande que acompañará semejante comprensión de la Verdad será la eliminación del miedo.

Este entendimiento nos robará nuestra soledad y nos
dará un sentimiento y sensación de seguridad que desconoce
todo temor, una paz sin la cual ninguna vida puede estar
contenta. Una serenidad fundada en esta paz, y un poder
que es el resultado de la unión de la paz con el aplomo.

Podemos estar seguros que hay una Inteligencia en el
Universo a la que podemos acudir, que nos inspirará y nos
guiará, un amor que todo eclipsa. Dios es real para aquel que
cree en el Espíritu supremo, real para el alma que se da
cuenta de su unicidad con el Todo. Todos los días y a todas
horas encontramos las realidades eternas de la vida en la
medida en que cooperamos en amor, en paz, en sabiduría
y en alegría con estas realidades eternas; al creer y recibir,
somos automáticamente bendecidos.

No es por medio del forcejeo mental o la tensión del alma
que llegaremos a esta meta, sino a través de una anticipación
jubilosa, del reconocimiento tranquilo de que toda la paz que
hay, todo el poder que hay, y toda la bondad que existe,
es Amor, el Espíritu Viviente Todopoderoso.

Un Tratamiento Espiritual Mental es un acto definido
de la mente consciente que pone la ley en movimiento
para aquello que se especificó en el Tratamiento. Un Tratamiento es una entidad espiritual en el mundo mental,
totalmente equipado con la inteligencia y el poder necesarios
para demostrarse.

Cuando damos un Tratamiento, creemos que nuestra
palabra moviliza una agencia inteligente y creativa, que tiene

a su disposición las formas, los métodos, los medios y la inclinación de recibir nuestro Tratamiento para crear aquellas circunstancias que serían el resultado lógico de este Tratamiento.

Si deseáramos demostrar abundancia, no diríamos: "Soy multimillonario", sino que buscaríamos comprender que la Substancia Infinita es un abastecimiento que no ofrece resistencia. Nos diríamos a nosotros mismos: "Estoy rodeado por el Espíritu Puro, Ley perfecta, Orden Divino, la Substancia Ilimitada que me responde inteligentemente. No sólo está alrededor de mí, sino que también está en mí; está alrededor y en todo. Es la esencia de toda acción perfecta. Es acción perfecta en mis asuntos. Diariamente esta Inteligencia Divina me guía, me permite evitar errores, me compele a tomar la opción correcta en el momento correcto; no hay confusión en mi mente, ninguna duda en absoluto. Estoy seguro, expectante y receptivo".

Como resultado de declaraciones como éstas, reeducamos nuestra mente al crear de nuevo y dirigir hacia una nueva dirección el estado subjetivo de nuestro pensamiento. Es este estado subjetivo de nuestro pensamiento el que decide lo que nos va a pasar, y, ya que el estado subjetivo de nuestro pensamiento contradice a menudo nuestros deseos conscientes, se crea un sentimiento de duda.

Cuando afirmamos la presencia del bien y nos entra la duda, este sentimiento de duda es un eco de experiencias anteriores; debemos tener cuidado de evitar este juzgar según las apariencias. A menos que nosotros estemos conscientes que estamos tratando con un Poder Creativo trascendente, ¿cómo podemos esperar demostrar cualquier cosa?

Nunca debemos perder de vista este Poder. Las demostraciones, producidas a través del uso científico del poder del pensamiento espiritual, son resultado del funcionamiento de una ley que de ninguna manera se limita a cualquier condición del presente. La evolución misma demuestra que esto es evidente en sí mismo. El que busca usar este poder debe tener el sentimiento, la convicción interior, de que él está tratando con una ley creativa que es el origen de todo.

Nadie sabe por qué pasa esto, pero la experiencia ha demostrado que tratamos con una ley que está sujeta únicamente a la condición de nuestra fe, una fe tal que no permita que quede duda alguna en nuestra mente. No se trata nunca de la habilidad o disposición de la ley.

La ley tiene sin duda alguna habilidad, y podríamos decir que las únicas limitaciones que impone en nosotros son éstas: 1) La ley no puede hacer nada que contradiga la naturaleza Divina o el sistema ordenado a través del que funciona la naturaleza Divina. Siempre debe ser fiel a sí misma. 2) La ley no puede darnos algo que no podamos comprender mental y espiritualmente. En estas dos proposiciones encontramos las únicas limitaciones que la ley creativa nos impone.

Pero éstas no son en realidad limitaciones, porque no deseamos nada contrario a la Naturaleza Divina, ni podemos esperar que el Espíritu o a la ley nos haga un regalo que no aceptamos. Estamos seguros que la Naturaleza Divina es una de bondad, de verdad y de belleza, de razón, de amor, de simpatía, de comprensión y de sensibilidad. Sentimos que nuestras propias naturalezas son semejantes a Ella, de la misma esencia, aunque por supuesto, no las mismas en grado.

No hay realmente, entonces, ninguna limitación fuera de nuestra propia ignorancia, y como todos podemos concebir un bien mayor al que ya hayamos experimentado hasta ahora, todos tenemos dentro de nuestras mentes la habilidad de sobrepasar experiencias anteriores y levantarnos triunfantes por encima de ellas, pero nunca triunfaremos por encima de ellas mientras persistamos en las reacciones mentales de siempre. Hay algo positivo en un Tratamiento mental bien hecho, algo casi arbitrario, algo implacable, incondicional.

A menos que el significado espiritual se eleve por medio de nuestros equivalentes mentales al nivel del bien que deseamos recibir, no podremos experimentarlo. Si todavía nos sumergimos en la duda y el temor, ¿no necesitaremos primero matar estos monstruos de la incertidumbre y el miedo, para que la paz y la confianza puedan ganarse?

ORACIÓN Y TRATAMIENTO

Siempre se ha reconocido a la fe como un poder, ya sea la fe en Dios, fe en los hombres, en uno mismo, o en lo que uno hace. Aquellos que tienen gran fe tienen gran poder. ¿Por qué las oraciones de una persona se contestan mientras que otras permanecen sin contestar? No puede ser porque Dios tenga mayor consideración por uno que por otro. Debe ser que todas las personas, en su acercamiento a la Realidad, reciben resultados, no debido a lo que ellos creen sino a pesar de las peculiaridades de su creencia. Debe ser la forma de su creencia lo que representa la diferencia. La fe no es un dogma, un credo ni una declaración de ser. Es un cierto acercamiento mental a la Realidad. Es un acercamiento afirmativo en lugar de uno negativo. Es acuerdo en vez de rechazo.

La mente puede aceptar o puede rechazar, pero no puede hacer ambas cosas en la misma proposición. La mente no puede aceptar lo que rechaza, no puede incluir lo que niega, no puede asimilar lo que se niega a creer. La oración, la fe y la creencia son actitudes mentales. Está escrito repetidamente en la Biblia, "Tu fe te ha sanado", "Glorifiquen a Dios" (Mateo 8:48 y Lucas 17:19). Esto implica que a un acto del hombre seguirá un acto de Dios. También implica que sin semejante acto humano el acto Divino no seguirá. El acto de Dios es el resultado de la fe del hombre en Dios. La oración lo lleva a uno a un lugar de aceptación mental, pero la oración sin fe es ineficaz. La fe eleva la oración a la convicción y aceptación. ¿En dónde entra Dios aquí? Dios ya está en todas partes y no tiene que ir o venir a ningún lugar. Dios es el proceso entero, tanto en nuestro pensamiento individual como en lo universal cuando contesta nuestro pensamiento individual. La oración de fe hace posible que la ley responda y produzca la cosa deseada. Ésta es una ley natural en el mundo espiritual. No debemos temer el omitir a Dios del proceso porque Espíritu es Causa, Medio y Efecto. El Todo en Todos.

El universo es un Sistema Espiritual. Sus leyes son de inteligencia. Nos le acercamos a través de la mente, que es la parte de nosotros que nos permite que sepamos, queramos y actuemos. La oración es un acercamiento espiritual mental a una Realidad que es una cosa de inteligencia. Esto es por lo que el crucifijo tiene poder. Es también la razón por lo que la media luna tiene poder. "En Su nombre" admite más de un símbolo. No es el símbolo sino la idea simbolizada lo que hace eficaz a la oración.

Algunas oraciones son más eficaces que otras; algunas sólo nos ayudan a sobrevivir mientras que otras sobrepasan condiciones y demuestran una ley invisible que tiene poder sobre lo visible. Podemos considerarla una ley ya que la oración afirmativa crea los resultados deseados.

Nos esforzamos mucho en encontrar el secreto de eso, y es en realidad muy simple. El universo es un algo inteligente que se proyecta en la experiencia. La consciencia es imposible a menos que haya algo de lo que se pueda estar consciente. Eso de lo que se está consciente debe tomar forma, de no ser así la consciencia no sería más que un sueño ocioso. El resultado del pensamiento es la forma visible. El resultado de la oración es la respuesta. El resultado del autoconocimiento es la demostración. Si entonces, nosotros somos alguna parte de la totalidad universal, ¿no se concluye pues que lo que un hombre piensa de corazón, eso es lo que él es?" (Prob. 23). Por esto la oración de fe es eficaz. Lo afirmativo triunfa sobre lo negativo y la fe avanza con determinación en el poder de Dios.

Un Tratamiento no es una petición, sino una afirmación que descansa en la creencia de que es la naturaleza de la Realidad el darse y expresarse a través de nosotros. En este sentido la oración es un reconocimiento, una declaración de aceptación, una creencia que la cosa deseada ya existe. En la medida en que este reconocimiento sea total, la petición se transmuta en aceptación, y la mente realmente siente que el objeto de su deseo ya es un hecho cumplido.

El Tratamiento es eficaz en la medida en que esté de acuerdo y coopere con la naturaleza esencial de la Realidad. Pero el que da el Tratamiento debe saber que es un buen Tratamiento porque no puede ser más eficaz de lo que él sepa que es. Por ejemplo, si uno trata para obtener abundancia mientras al mismo tiempo está aceptando pobreza, su palabra no puede ser tan eficaz como pudiera ser si su mente aceptara la riqueza; los pensamientos creídos, repetidos a menudo, al final se vuelven aceptaciones subjetivas, y es la aceptación subjetiva lo que cuenta. El Tratamiento debe convertir la confusión en paz y así sobrepasar y transmutar lo menos en más. La división debe convertirse en unicidad. El universo no nos retiene lo bueno, pero es necesario tomar lo que nos pertenece. En el caso de la oración y el Tratamiento, esta toma es un acto mental, o sea un acto de la mente en aceptación de su bien natural.

Cualquier persona es lo bastante buena para orar o dar Tratamientos de una manera eficaz si su pensamiento se alinea con la unicidad del bien. Permitámonos aprender a sentir la presencia del poder interior el cual es suficiente para satisfacer toda necesidad; permitámonos aprender a aceptar y a tener una confianza serena en la realidad de que tenemos un Socio Divino que es Omnipotente.

Si deseamos algo, ya sea dinero, amistad, o cualquier otra cosa, volvámonos al único lugar en el que encontraremos la Realidad—que es nuestra propia alma cuando se une con Dios. Dios ya está en nuestro interior. Si no fuera así, ni el ingenio ni la sabiduría de la humanidad podrían ponerlo allí.

Hay una creatividad en nosotros que no hemos puesto allí, pero de la cual hacemos uso. Si queremos demostrar paz y abundancia, debemos saber que esto no se hace con apresuramientos sino comulgando con la causa. Aquello que la mente reconoce se vuelve parte de su experiencia. Aquello que nosotros somos preexiste nuestra experiencia. El serenarnos y saber que la Presencia Eterna está en nosotros, es el principio de la sabiduría y la libertad.

Hay algo innato en nosotros del cual procede toda experiencia. Entremos conscientemente en el Espíritu interior, dentro del cual están al mismo tiempo Dios y el hombre. Todo el bien que hay, todo el poder que hay, y todo el Dios que hay, es el Espíritu Viviente de amor y vida, la esencia de toda belleza y de toda verdad. La quietud infinita que nosotros bebemos en el alma proviene del gran depósito del Universo.

El Tratamiento eficaz convence a la mente que nuestra vida es una parte de la vida de Dios, y que el Espíritu se encarna en nosotros. Las afirmaciones y las negaciones tienen el propósito de inculcar en el pensamiento una creencia en las cosas espirituales. La premisa del Tratamiento correcto es: Dios perfecto, hombre perfecto, ser perfecto. El pensamiento debe reorganizarse para encajar en esta premisa, y debe construirse en esta aserción. Debemos creer si esperamos tratar con éxito; debemos tener fe.

Si se levantase la objeción de que tener fe es una superstición, recordemos esto: todas las ciencias se han construido basadas en una fe en principios que la experiencia ha demostrado ser reales. Todos los principios son invisibles; todas las leyes se aceptan en fe—no hay alternativa. Nadie ha visto a Dios en ningún momento, ni ha visto la bondad, verdad o belleza, pero, ¿quién puede dudar de su existencia? Debemos aprender a tener fe.

El Practicante debe tener fe en el Espíritu y confianza completa en su acercamiento a Él. Debe saber que sabe, y no ser meramente tibio en su convicción. Debe demostrar que el poder espiritual del pensamiento tiene poder sobre la resistencia material aparente, y no puede hacer esto sin fe y confianza en su acercamiento al principio que desea demostrar.

Debemos creer en un bien siempre disponible y en que tenemos acceso a él. Debemos actuar como si este bien es real para nosotros; debe ser real para nosotros si esperamos demostrarlo. El más grande maestro de metafísica aplicada que jamás ha vivido enseñó la necesidad de tal fe. La fe tiene su semilla y su cosecha. El Tratamiento Espiritual Mental repudia la duda y el miedo y en su lugar construye esperanza, valor y convicción con receptividad expectante. El Tratamiento tiene lugar inmediatamente en el pensamiento del que lo da.

Nuestro trabajo empieza y acaba en nuestra propia mente. No es nuestro espíritu el que necesita sanar, sino nuestras reacciones mentales a la vida. Estas reacciones mentales son tanto conscientes como subjetivas. El Tratamiento Espiritual Mental exitoso debe neutralizar reacciones negativas tanto en el plano consciente como en el subjetivo. La enseñanza apropiada hace que esto sea posible para la mente consciente y el Tratamiento Espiritual Mental apropiado lo hará posible en el lado subjetivo de pensamiento.

El sanar espiritual mental no se logra por medio de la coerción de la consciencia, sino a través de su iluminación. No estaríamos enfermos ni infelices si estuviéramos conscientes y subconscientemente unificados con el bien. El Practicante sistemáticamente ataca cualquiera pensamiento que niega el bien de su paciente. Éste es un acto directo y específico. Pero el poder que opera a través de este acto es infinitamente mayor que el pensamiento del Practicante. Él está usando una ley universal.

Hay un elemento sutil en el Tratamiento—el de conocer la verdad y enseguida soltar, dejar ir; desapegarnos del "cómo" o "cuándo",—para que la verdad pueda demostrarse. Quizás ésta sea una de las cosas más difíciles de entender en el trabajo espiritual. El entender que nuestro pensamiento es creativo pero que nosotros no lo hacemos así, que era ya así antes de que nosotros lo comprendiéramos—no es cosa de voluntad sino de empeño; no es coerción sino conclusión. Debemos llegar a sentir que hay una bondad universal, una ley perfecta, y una realidad divina que fluye a través de nuestra palabra. Es imposible realmente borrar esta convicción espiritual. Se implanta por una realidad mayor que la mente humana. Hay un poder que desciende en ella y opera a través de la consciencia del individuo que se da cuenta de tal poder. Es real en sí mismo y al estar siempre presente, es tan real como le permitamos volverse. Hay una esencia en el mundo invisible la cual emana belleza dando forma a todo lo bello; emana vida dando forma a todo lo que vive; es el paso del Espíritu de lo abstracto a un estado concreto. Éste es el principio que el Practicante busca demostrar.

La convicción compele la atención del intelecto; es la Realidad que lo inunda. Es la esencia del Espíritu que desciende al intelecto lo que ilumina la mente y sana el cuerpo. El sanar es automático. La causa es invisible. El efecto es tangible y real. Lo eterno se vuelve temporal, lo informe toma forma, lo aún no creado se crea, la oración encuentra respuesta, el Tratamiento efectúa su propia demostración.

El Poder Originador desciende a la consciencia de la persona que medita y Lo recibe. El intelecto se abandona al ideal divino. Es un sentimiento, una sensación, una atmósfera. Nosotros no tenemos que dar energía a este poder porque es la esencia misma de toda la energía.

Es su naturaleza operar en nuestra palabra; siempre permanecerá fiel a su naturaleza. No tenemos que preguntarnos si funcionará o si está funcionando. Tiene que funcionar. El argumento de un Practicante, cuando lo hay, no es un argumento acerca de "si el poder trabajará o no", sino que tiene el propósito de alejarse mentalmente de cualquier negación que él mismo esté experimentando, para así llegar a una consciencia de lo que se desea ver. El Practicante debe enfrentar la condición tal como aparece, y hacer que su pensamiento la transcienda (sobreponga) en todos los aspectos. Su argumento entonces, será entre algo que niega el bien y la convicción de que el bien existe y que es el único poder. Debe conocer la disponibilidad de este bien y creer que le está respondiendo ahora.

El Practicante no discute con la condición que desea ver cambiada, ya que, por sí misma no tiene validez. Es una condición y vive meramente como un reflejo de algo. Este algo es la mente trabajando, creando imágenes de autoreconocimiento que se proyectan automáticamente en la forma. No hay ninguna coerción mental ni fuerza de voluntad, ninguna demanda extenuante que se le haga al universo. El Practicante se hace la demanda a sí mismo. La discusión tiene lugar dentro de la mente de la persona que da el Tratamiento y termina cuando su mente llega a la conclusión de que no existe otra cosa más que el bien.

Si buscamos combatir el mal, debemos tener cuidado de no hacer del mal una realidad. Hay un lugar en la mente que intuitivamente conoce que el bien supera al mal, y hay un lugar que no conoce de mal alguno que se tenga que superar. Entonces, nuestro argumento es entre la experiencia del mal y una convicción sólida de que el bien es la única realidad. La ley de la vida no puede producir muerte. La totalidad no puede no crear separación. La omnisciencia no puede desear ignorancia y Dios no creó al diablo. La persona real ya es libre, completa, perfecta y habita en el cielo ahora mismo. Ya se nos ha provisto todo lo necesario para nuestra felicidad. Cuán tonto puede parecer esto a la luz de nuestra experiencia, y sin embargo, ésta es la actitud mental correcta que hay que tener al dar Tratamientos. Esto es lo que confunde a tantas personas. Pero nosotros estamos hablando de la persona real (el prototipo divino) y no de la persona en experiencia humana. Sin embargo, no podría haber ninguna persona en experiencia a menos que hubiera habido una persona real primero.

Cuanta vida, abundancia, bondad, verdad y belleza podamos mentalmente entretener, ésta es y será la medida de nuestra posible experiencia; éste es el molde de aceptación. El infinito llena todos los moldes y fluye eternamente en nuevos y mayores moldes. Es la posibilidad nonata de experiencia ilimitada. Nosotros lo damos a luz.

Debemos tener cuidado para no dividir nuestra casa mental contra sí misma; habiendo anunciado la ley de libertad, no debemos negarla en nuestra experiencia. Aunque el mundo entero haya sufrido una sensación de limitación, no hay ninguna limitación en el universo. Cuando todos sepan la verdad, se encontrarán maneras, métodos y medios para obtener la libertad de todas las personas.

Es verdad que el mundo es lento para despertarse a la realidad pero nosotros no necesitamos esperar. Aunque el mundo entero fuese infeliz, la paz todavía existiría. Es nuestra misión demostrar que la armonía es real y la discordia irreal; que el bien es real no importa cuánto mal se experimente. Solamente a partir de esta base podemos usar la óptima ley de vida.

El bien no pacta con su opuesto. El que practica debe mirar un hecho a la cara y decir que no está allí. Esto no le será irracional al que ha hecho un estudio cuidadoso de la Ciencia de Mente y el Espíritu.

La verdad no conoce opuestos. Cuando quitamos la creencia en el mal, éste desaparece con la disolución de esta creencia. Debemos recordar continuamente el poder de la palabra y de nuestra habilidad de usarlo conscientemente. Debemos saber que la verdad produce libertad porque la verdad es libertad. No somos Dios, pero somos alguna parte del poder de Dios. Es en una callada esperanza y en tranquila confianza que nuestro trabajo debe hacerse. Los resultados se apoyan en la ley eterna del bien.

AYUDAR A OTROS

La idea de ayudar a otros a través del Tratamiento Espiritual Mental no debe parecer extraña; se ha ayudado a miles de personas a través de las oraciones de otros. Uno de los principios más importantes de todas las religiones es que la oración es una fuerza real, inteligente y dinámica. La piedra angular del actual Movimiento del Nuevo Pensamiento es el hecho, ya demostrado en miles e innumerables casos, de que podemos ayudar a otros a través del Tratamiento Espiritual Mental.

Este principio se ha demostrado tan completamente que millones de personas lo consideran ya un hecho definido y positivo en la vida cotidiana. La cuestión ya no es la de si podemos ayudar a otros, sino de cuáles son los mejores métodos. ¿Debería ser individual todo el Tratamiento Espiritual Mental, o se puede sanar en grupo? ¿Debería estar el Practicante con el paciente mientras el Tratamiento esté dándose, o es el Tratamiento igual de eficaz en el caso de distancia física entre los dos? ¿Qué es un Tratamiento, y cómo podríamos saber cuándo hemos obedecido la ley de tal manera que nuestro trabajo espiritual mental ha sido eficaz? Éstas son las preguntas que la gente hace hoy para poder poner su fe en práctica, y así poder experimentar en sus vidas cotidianas los resultados de un esfuerzo espiritual consciente.

Entonces, analicemos el principio y práctica de este trabajo. El principio involucrado es la base del universo espiritual/mental en el que vivimos—un universo de inteligencia positiva, gobernado por ley absoluta. Así como existen leyes que son inherentes a la materia, así hay leyes inherentes a la mente y el Espíritu. El universo físico es un plano menos elevado que la mente o el Espíritu. Esto no significa que el pensamiento humano es el que crea el mundo, ni significa que la mente humana es la que controla los destinos de los planetas; ya que según la ley de la mente, la inteligencia puede controlar solamente aquello que puede entender.

Nosotros somos parte de esta Totalidad Universal—¿Qué tan pequeña o tan grande es esta parte? Ninguna persona ha sido todavía capaz de sondearlo pero sabemos que estamos limitados por la falta de una comprensión clara de la Realidad, de nuestra unicidad con Ella y de las leyes que La (y nos) gobiernan. Nuestro conocimiento de la Realidad, sin embargo, es suficiente para demostrar nuevas y mejores experiencias. Puesto que todos nos damos cuenta de que hay la posibilidad de experimentar aún más de lo ya experimentado, debe entonces haber algo dentro de nosotros que es trascendente—un principio espiritual mental que surge espontáneamente en nuestro pensamiento, y que está dotado de capacidades que en nuestra vida cotidiana nunca hemos comprendido totalmente.

Es a través del medio de esta mente más grandiosa, este campo más amplio de realización espiritual, que trabaja el Practicante; se apoya en el lado más profundo de la vida, en ese Medio Universal que une a todas las personas y todos los eventos en una totalidad unitaria. Por consiguiente, en lo que al Practicante concierne, no hay ninguna diferencia entre un Tratamiento presente y uno ausente, solamente necesita saber a quién desea ayudar, y al comprender que en el campo de la Mente y el Espíritu no hay ninguna separación, habla su palabra para la otra persona en completa confianza de que la ley operará, pero no está interesado en dónde está la persona a quien desea ayudar, o lo que pueda estar haciendo en ese momento en particular; sólo se preocupa por su propio pensamiento en lo que se refiere a esa persona, mientras trabaja por obtener en su propia mente la realización que esta persona es una entidad espiritual, gobernada por una ley perfecta, dirigida por inteligencia positiva, y animada por la Vida Divina.

En el caso en que alguien pide ayuda y es receptivo a ella, ¿por qué razón no podría elevarse la palabra del Practicante a través de su expectativa y crear en esa persona el mismo grado de realización que experimenta el Practicante, aunque los dos estén a kilómetros de distancia? Puesto que se trata de un Principio que es una unicidad espiritual, este Principio debe estar tan consciente de Sí mismo, tanto en uno como en otro, y simultáneamente, consciente de Sí mismo en todas partes.

Cuando el Practicante ha declarado que su palabra es para la persona quien él nombra, ha hecho la única conexión con su paciente que es necesaria; el resto depende de la receptividad del paciente. En el plano espiritual no existen barreras para el pensamiento. Esto no significa que nosotros estamos sin identidad en el plano subjetivo. Puesto que el Ser Universal es perfecto, el Ser Espiritual de cada persona ya es completo y perfecto dentro de Sí mismo y puede extraer de ese Depósito Eterno de Vida en la que todos viven, se mueven y tienen su ser. Si la mente conociera esta realidad, y reflejara sólo armonía y paz, no habría ningún problema en el mundo físico. ¿Dónde tienen lugar el Tratamiento, contemplación, meditación, oración o aspiración que hacemos para otra persona? ¿Dónde podría ser, sino en la mente del que da el Tratamiento? En otras palabras, si uno desea ayudar a una persona que desea recibir tal ayuda, el único requisito por parte del Practicante para que haya conexión es un conocimiento definido de para quién y para qué se habla la palabra.

El Practicante piensa en alguien; después de declarar definidamente para quién se habla esta palabra, busca comprender la perfección espiritual, mental y física de esta persona. Hace esto en su propia mente; y dado que su mente está funcionando en la Mente Universal, en la que cada mente individual funciona, la realización se cumplirá en la persona que desea la ayuda, en proporción a su receptividad.

Ningún hipnotismo, ningún mesmerismo y ninguna sugerencia tienen cabida en el Tratamiento científico espiritual/mental. Es un reconocimiento, por parte del que da la ayuda, de la perfección del que desea recibir esta ayuda. Su mundo ha sido afectado por un Principio Universal siempre presente que anima todo; hay una ley que opera en la palabra. ¿Cómo sabemos nosotros esto? Nunca hemos visto esta ley; tampoco hemos visto la ley creativa de la tierra que opera en la semilla, pero vemos la flor y aprendemos por experiencia que hay semejante ley. De la misma manera—a través de la experiencia—sabemos que hay una ley que opera en la palabra.

LO QUE YO CREO

Este tema está naturalmente dividido en tres partes: lo que yo creo acerca de Dios, lo que creo acerca de la humanidad y lo que creo acerca de la relación entre Dios y la humanidad.

Primero, creo que Dios es Espíritu Universal, y por Espíritu me refiero a la Esencia de Vida de todo lo que es— ese Poder sutil e inteligente que penetra todas las cosas y qué, en cada individuo, es mente consciente. Creo que Dios es el Espíritu Universal presente en cada lugar, consciente en cada parte, la Inteligencia y mente de todo lo que es, ha sido y será.

Yo creo que la humanidad es la representante directa de esta Presencia Divina en este plano de existencia. Creo que la relación entre Dios y el individuo es directa, y que nuestra mente es la avenida a través de la cual el Espíritu se expresa por medio de nosotros. Nuestra habilidad de pensar, saber y actuar son cauces directos a través de los que fluye el Espíritu Universal.

No me parece necesario que nos acerquemos a Dios por medio de fórmulas o intermediarios, ya que el Espíritu de Dios, la Mente Eterna, es el poder a través del cual pensamos y sabemos. Es evidente que el único Dios que podemos conocer es el Dios que nuestra consciencia puede percibir. Pero algunos dirán que, aunque sea verdad que no podemos pensar más allá de lo que sabemos, sin embargo podemos tener el conocimiento de aquello que está fuera de nuestro yo. Esto es verdad, como también es verdad que tenemos un Palacio de Gobierno en esta ciudad; pero éste sólo tiene realidad para mí, si es que primero estoy consciente de su existencia. Esto es verdad de todo, y mientras la posibilidad de conocimiento puede y debe expandirse, somos ignorantes de aquello que no percibimos. Por consiguiente, yo creo que Dios es para cada persona, lo que esa persona es para Dios. La Naturaleza Divina debe ser Infinita, pero nosotros conocemos sólo tanto de esta Naturaleza como la entendemos e incorporamos; de ninguna otra manera puede dársenos Dios a conocer. Creo que la relación entre Dios y la humanidad está oculta en nuestro interior, y cuando nosotros descubrimos una nueva verdad, o tenemos una mejor comprensión sobre una vieja verdad, es en realidad un poco más de esta Mente Infinita revelándose a través de nosotros.

Creo en una comunicación directa entre el Espíritu y el individuo—el Espíritu Universal que se personifica a través de cada uno y todo; esto es una conclusión hermosa, lógica e inevitable. Esto hace del humano un ser Divino, una personificación del Espíritu; pero si nosotros somos Seres Divinos, ¿por qué es que nos encontramos tan limitados y abandonados, tan pobres, tan miserables e infelices? La respuesta es que nosotros ignoramos nuestra propia naturaleza, y la ignorancia de la Ley no excusa a nadie de sus efectos.

Yo creo que todas las cosas son gobernadas por leyes inmutables y exactas. Estas leyes no pueden cambiarse ni pueden violarse; nuestra ignorancia de ellas no ofrece ninguna excusa para su infracción, y no sufrimos porque Dios lo quiera, sino porque somos ignorantes de la verdadera identidad de nuestro ser. Somos individuos y poseemos libre albedrío y voluntad propia.

Aprenderemos todo, ya sea mental o físico a través de nuestras experiencias. No hay ninguna otra manera de aprender, y el propio Dios no podría proporcionar ninguna otra manera, sin contradecir Su propia naturaleza. El Espíritu está sujeto a la ley de Su propia naturaleza, y también lo estamos nosotros.

Si todo está gobernado por ley, ¿hay alguna mente espontánea en el universo? Sí, pero esta Mente espontánea nunca contradice su propia naturaleza, nunca infringe su propia ley. Yo creo que todo está gobernado por leyes exactas; creo en toda verdad científica. Pero si una persona en el mundo científico, que entiende que todo está gobernado por leyes, excluyera la existencia de un Espíritu espontáneo que impregna todas las cosas, yo le haría esta pregunta: "¿Por medio de qué inteligencia reconoce usted que todas las cosas son gobernadas por leyes exactas?" Dicha persona estaría obligada a contestar que es por medio de una inteligencia espontánea que surge dentro de ella misma.

Nosotros estamos viviendo en un universo mecánico gobernado por leyes que no tienen ninguna inteligencia consciente o volición personal. Pero el mismo hecho de que nosotros podamos hacer esta declaración, demuestra que no estamos gobernados solamente por una ley mecánica, ya que la ley mecánica no puede, por propia naturaleza, reconocerse a sí misma. Cuando alcanzamos el auto-reconocimiento, ya hemos llegado a la vida espontánea y a la auto-consciencia.

Estamos sujetos a la ley de nuestro ser, pero esta ley no es una de esclavitud, sino de libertad—libertad bajo la ley. Puedo concebir un Espíritu espontáneo y una ley retro-activa—y esta posición ha sido aceptada por los pensadores más profundos de cada edad. Es auto-evidente. El Espíritu nunca puede contradecirse, ya que es Inteligencia pura, la vida del Espíritu permanece armoniosa y en calma, completa y perfecta. El Espíritu realiza Su naturaleza al personificarse y alcanza el reconocimiento de Sí Mismo a través de lo que sabe y hace.

Dios opera a través de lo que se llama la ley de evolución o desarrollo, y nosotros estamos sujetos a esta ley. Esto no es una limitación, sino la manera a través de la que la libertad y la individualidad se expresan. Hay un principio en desarrollo dentro de nosotros que nos impulsa a expresar mayor libertad, amor, alegría y vida.

Yo pienso que cada uno está en la senda de una expresión interminable de vida, verdad y belleza. Detrás de nosotros está el Todo; ante nosotros, dentro de nosotros y expresándose a través de nosotros, está el Todo. Creo en la inmortalidad y la continuidad del monólogo interior del individuo. La humanidad es un principio ascendente de vida, individualidad y expresión, avanzando a través de la experiencia y la revelación.

No creo en infierno, demonio o condenación; ni en cualquier estado futuro de castigo, ni cualquiera de las ideas extrañas que se han concebido en las mentes de personas mórbidas. Dios no castiga a la gente. Hay, sin embargo, una Ley de Causa y Efecto que gobierna a todos y que castigará automática, imparcial e impersonalmente, en los casos en que choquemos con su principio de armonía. Una cosa es creer en el infierno y la condenación, y otra proposición muy diferente es creer en una ley de justa retribución. Yo estoy seguro que la salvación completa llegará finalmente por igual a todos. El cielo y el infierno son estados de consciencia en los que vivimos ahora, según nuestro propio estado mental. No necesitamos preocuparnos por premio ni castigo, pues los dos son seguros. A la larga, todos se salvarán de ellos mismos por medio de sus propias experiencias; ésta es la única salvación necesaria y la única que podría ser inteligente.

Yo creo en cada religión que existe, ya que cada una de ellas es una avenida a través de la cual la gente rinde culto a Dios. Creo en mi propia religión más que en la de nadie más, porque ésta es la avenida a través de la cual le rindo culto a Dios.

No creo que haya algo en el universo que esté en contra nosotros, excepto nosotros mismos. Todo es y debe ser para nosotros. El único Dios que existe, el "Anciano de días" (Daniel 7:23), nos desea el bien, Él sólo nos conoce como seres perfectos y completos. Cuando aprendamos a conocer a Dios como Dios nos conoce, nos salvaremos de todos los errores y problemas. Esto es cielo.

La imperfección aparente no es más que una experiencia temporal del alma en su senda de desarrollo. Es una criatura del tiempo y de la noche, pero el alba de la eterna mañana de alegría pura nos espera a todos. Entretanto, Dios está con nosotros, y nosotros no debemos temer, ya que "Él hace todas las cosas bien." Nosotros debemos regocijarnos en la verdad que ya poseemos, y ver hacia el futuro con confiada esperanza. Al ganar mayor entendimiento, recibiremos mayor iluminación.

Creo que estamos rodeados por una ley inteligente que recibe la impresión de nuestro pensamiento y actúa sobre él. Ésta es la ley de nuestra vida, y nosotros podemos usarla conscientemente y para propósitos definidos. No soy más supersticioso en cuanto a esta ley de lo que pudiera ser en cuanto a la ley de la electricidad o cualquier otra ley natural, porque la naturaleza es siempre natural.

Creo en una religión de felicidad y alegría. Hay demasiada depresión y aflicción en el mundo. Estas cosas nunca debieron ser y no tienen lugar real en el mundo de realidad. La religión debe ser como el sol de la mañana que envía sus rayos de luz; debe ser como el rocío que cubre la tierra con fragancia y dulzura; como el fresco de la tarde y el reposo de la noche. Debe ser una canción espontánea de alegría, y no un canto fúnebre.

Creo en la hermandad de la humanidad, la Paternidad de Dios, y en una unicidad que nos liga a todos juntos en perfecta integridad. Creo que el Espíritu está en el viento y la ola, y manifiesta Su presencia a lo largo de toda la Naturaleza. Pero aún más completamente, proclama nuestra vida y Su amor a través de nuestras propias mentes y en nuestros corazones.

Cómo Usar la Ciencia de la Mente

Una guía práctica y concisa dedicada en particular a los maestros y practicantes. Todos los estudiantes de la Ciencia Religiosa y la Filosofía lo encontrarán útil.

Este Algo Llamado Tú

Este volumen cubre el campo de la psicología espiritual moderna respecto a la relación del individuo con la vida. Con gran frecuencia se encuentran en sus páginas ejercicios de inspiración o meditación para uso personal a fin de obtener ayuda y alivio que pueden ser aplicados de inmediato por el lector. De esta forma cubre el campo de la meditación inspiradora para que pueda ayudarse a sí mismo en forma directa y simple.

Ese Algo Llamado Vida

Basado firmemente y con gran cuidado en las enseñanzas de Jesús y de otros grandes guías espirituales y filósofos, *Ese Algo Llamado Vida* es un compendio de la práctica de la fe por medio de la cual se pueden resolver directa, simple y efectivamente los problemas de toda clase.

La Ciencia de la Mente

Esta publicación monumental entre las obras de motivación e inspiración de la última mitad de este siglo, es no sólo un libro de texto y de referencia definitivo, sino que también provee una lectura inspiradora que satisface la variedad de las necesidades humanas. Y es compañero esencial de las otras obras de la Ciencia Religiosa.

Lo Esencial de Ernest Holmes

Posiblemente nos encontremos con las mismas ideas expresadas en numerosas y diferentes formas de un libro a otro, pero son ideas extraordinarias, y mientras más las escuchemos probablemente más les permitimos que transformen nuestras creencias acerca del mundo y de cómo funciona. Cuando las encontramos quedamos por lo menos un poco más en paz, un poco más felices, y cuanto más captamos, nuestras vidas se transforman completamente.

Mente Creativa y Éxito

Volumen admirable, compañero de LA MENTE CREATIVA. Sin ser repetitivo, el Dr. Holmes ha investigado nuevamente las leyes y principios básicos de Ciencia de la Mente y ha deducido de ellos qué pasos son necesarios para adquirir el éxito y la prosperidad. Fijando como premisa que el pensamiento correcto debe, por necesidad, producir el éxito, el autor procede a mostrar cómo el estudiante puede usar el pensamiento correcto para obtener lo que desea.

Palabras Que Sanan Hoy

Basado en las palabras de Jesús y su discípulo Pablo, este libro muestra la efectividad en la vida moderna de las enseñanzas del genio espiritual más grande de todos los tiempos.

www.ingramcontent.com/pod-product-compliance
Lightning Source LLC
Chambersburg PA
CBHW060126050426
42448CB00010B/2027